LA PROFESSION DE FOI
DU PHILOSOPHE

ET AUTRES TEXTES
SUR LE MAL ET LA LIBERTÉ
(1671-1677)

LEIBNIZ DANS LA MÊME COLLECTION

Dialogues sur la morale et la religion, suivis de *Mémoire pour des personnes éclairées et de bonne intention*, introduction, traduction et notes par Paul Rateau, 2017.

Discours de métaphysique. Correspondance avec Arnauld, introduction et édition par Christian Leduc, 2016.

Opuscules philosophiques choisis, introduction, traduction et notes par Paul Schrecker, 2001.

Le droit de la raison, textes réunis, traduits et présentés par René Sève, 1994.

BIBLIOTHÈQUE DES TEXTES PHILOSOPHIQUES
Fondateur Henri GOUHIER   Directeur Emmanuel CATTIN

LEIBNIZ

LA PROFESSION DE FOI DU PHILOSOPHE

ET AUTRES TEXTES SUR LE MAL ET LA LIBERTÉ (1671-1677)

Introduction, traduction et notes
par
Paul RATEAU

PARIS
LIBRAIRIE PHILOSOPHIQUE J. VRIN
6 place de la Sorbonne, V e

2019

© *Librairie Philosophique J. VRIN*, 2019
Imprimé en France
ISSN 0249-7972
ISBN 978-2-7116-2897-1
www.vrin.fr

LISTE DES ABRÉVIATIONS

A = *Leibniz : Sämtliche Schriften und Briefe*, hrsg. von der Preußischen (puis Berlin-Brandenburgischen und Göttinger) Akademie der Wissenschaften zu Berlin, Darmstadt, puis Leipzig, enfin Berlin, 1923-…, suivi du numéro de la série, de la tomaison et du numéro de page. Pour A II, 1, nous citons la page dans l'édition de 2006.

AT = *Œuvres de Descartes*, publiées par Ch. Adam et P. Tannery, Paris, L. Cerf, 1897-1913, 11 vol. (plus un volume contenant la biographie de l'auteur et un Supplément); nouvelle présentation par B. Rochot et P. Costabel, Paris, Vrin-CNRS, 1964-1974.

C = *Opuscules et fragments inédits de Leibniz. Extraits des manuscrits de la Bibliothèque royale de Hanovre*, par L. Couturat, Paris, F. Alcan, 1903 ; réimpression : Hildesheim, G. Olms, 1961 et 1966.

FC (NL) = *Nouvelles lettres et opuscules inédits de Leibniz*, précédés d'une introduction par A. Foucher de Careil, Paris, A. Durand, 1857.

GP = *Die philosophischen Schriften von G. W. Leibniz*, édités par C. I. Gerhardt, 7 tomes, Berlin 1875-1890 ; réimpression : Hildesheim, G. Olms, 1960-1961.

Grua = *Leibniz. Textes inédits d'après les manuscrits de la Bibliothèque provinciale de Hanovre*, publiés et annotés par G. Grua, 2 volumes, Paris, PUF, 1948 ; réédition : Paris, PUF, « Épiméthée », 1998.

INTRODUCTION

L'AVOCAT DE DIEU

LE RÉCIT D'UNE VOCATION

Gaston Grua parle de « la ferveur d'une vocation ». Une vocation qui aurait animé Leibniz toute sa vie durant : celle de défendre la justice divine[1]. Plusieurs témoignages autobiographiques font état de la précocité et de la constance de ce projet « apologétique ». Le philosophe écrit ainsi en 1700 à Daniel Ernest Jablonski :

> Mais, dès ma seizième année, par un destin (*Schickung*) particulier [fixé par] Dieu, semble-t-il, je me suis trouvé poussé vers une recherche par ailleurs en elle-même difficile et en apparence peu agréable ; mais je n'ai été pleinement satisfait que depuis quelques années, lorsque j'ai véritablement découvert les *raisons de la contingence* (*rationes contingentiae*), puisque je ne pouvais auparavant répondre aussi complètement que je l'aurais voulu aux arguments de Hobbes et de Spinoza *en faveur de la nécessité absolue de toutes les choses qui arrivent* (*pro absoluta omnium, quae fiunt, necessitate*). J'avais formé à cette époque le dessein d'écrire une *Théodicée* et d'y défendre (*vindiciren*) la bonté, la sagesse et la justice de Dieu, ainsi que sa puissance suprême et son influence

1. *Jurisprudence universelle et théodicée selon Leibniz*, Paris, P.U.F., 1953, p. 8.

irrésistible. Mais ce dessein y gagnerait si Dieu me donnait un jour la grâce d'avancer heureusement ces pensées (dont vous n'avez vu que de petits échantillons), lors d'un entretien oral avec d'excellentes personnes, afin de gagner les âmes et de favoriser l'union des Églises protestantes [1].

Cet attrait soudain pour une matière ardue – la question de la nécessité ou de la contingence de nos actions et des événements du monde –, chez un jeune homme alors étudiant à l'université de Leipzig, est interprété comme un signe du Ciel. Certes l'appel n'a pas le caractère impérieux, solennel et dramatique du *Tolle lege* d'Augustin [2]. Il n'est pas non plus le point de départ d'une conversion spirituelle, mais plutôt l'origine d'un projet et d'un itinéraire philosophiques. Pourtant, dans le récit de leur vocation respective, il y a bien quelque chose de commun à Augustin et à Leibniz : la place particulière qu'occupe la réflexion sur le mal et, certainement, le même sentiment d'insatisfaction face aux solutions avancées jusque-là pour résoudre les difficultés qu'il pose (le manichéisme et ses deux Principes pour l'un, les réponses traditionnelles de la théologie chrétienne pour l'autre). Chez les deux auteurs, le mal apparaît comme le problème inaugural, à la source d'un véritable choix existentiel : celui de se faire théologien et philosophe. La vocation est intimement liée à ce problème. Elle naît avec lui, sinon de lui. Et ce lien originaire, loin de se dissiper, se conserve tout au long de leur carrière intellectuelle.

Le mal provoque la pensée, en initie pour ainsi dire le mouvement et continue de l'inspirer, voire d'en être le moteur, tant il est vrai que Augustin et Leibniz, chacun à

---

1. Lettre à Jablonski du 23 janvier 1700, A I, 18, 322.
2. « Prends, lis », *Confessions*, VIII, 12, 29.

sa manière, n'ont cessé d'y revenir. Évidemment l'appel – par la voix qui interpelle et ordonne, ou par ce « destin particulier [fixé par] Dieu », telle une grâce spéciale qui meut l'âme – ne résonne pas de la même façon chez celui qui deviendra l'un des plus fameux Pères de l'Église, et chez celui qui représentera l'une des grandes figures de l'Âge classique, dont les talents ne s'illustreront pas seulement sur cette matière (le mal et la justice de Dieu), mais encore dans les sciences de la nature, la logique, les mathématiques, la doctrine du droit ou encore la théorie du langage (pour ne citer que ces domaines). Il y a en effet différentes manières de comprendre l'appel dont on est ou dont on se croit le destinataire et, surtout, d'y répondre. Dieu commande et donne la motion. Mais il appartient à l'homme d'interpréter ce commandement et de suivre (ou non) cette impulsion, en donnant au premier le sens qu'il estime juste et à la seconde la direction qu'il juge bonne. Là, chemins et destins divergent.

Quoique le problème soit inaugural, il n'est pas posé dans les mêmes termes. Augustin se demande quelle est l'origine du mal et quelle est sa nature (s'il en a une). Son interrogation est d'abord métaphysique. Leibniz se demande à qui il est imputable. Son interrogation est avant tout d'ordre juridique et moral. Le mal est. Qui en est le responsable ? Dieu ou l'homme ? Cette manière d'aborder le sujet explique le rapport, établi dans la lettre à Jablonski, entre le projet de « Théodicée » et la question du nécessaire et du contingent. Si tout arrive par une nécessité absolue, les maux eux-mêmes sont nécessaires et l'homme qui les commet ne peut s'empêcher de les accomplir. Peut-on le punir avec justice s'il ne pouvait de toute façon faire autrement ? Est-il légitime de parler de mérite et de démérite, si l'homme est entièrement nécessité à faire le bien et le mal qu'il fait ? Ses actes peuvent-ils même lui être réellement imputés ? Sa volonté, bonne ou mauvaise, semble venir de déterminations qui ne dépendent pas de lui (les circonstances, l'influence et l'exemple des autres, l'éducation reçue, un certain tempérament naturel, etc.), déterminations qui font partie de cette série de choses (notre monde) dont Dieu est la cause première. La nécessité conduit finalement à reporter la responsabilité du mal sur Dieu, dont tout procède, et par conséquent à innocenter l'homme.

Il ne suffit pas, cependant, de reconnaître que l'homme est libre et que ses actions sont contingentes pour sortir des difficultés. Car d'autres naissent aussitôt : comment accorder cette liberté avec la prescience de Dieu, qui sait à l'avance et infailliblement tout ce qui arrivera, si bien que tout l'avenir est certain et déterminé ? Comment accorder cette liberté avec la dépendance dans laquelle se trouve par nature la créature ? Celle-ci n'existe en effet et ne se maintient dans l'être que par l'opération continuelle de Dieu, de sorte que rien n'est ni n'arrive sans qu'il ne le veuille et même n'y concoure par sa puissance. Cette dépendance aboutit, là encore, à effacer la responsabilité de l'homme et à imputer le mal à Dieu. Dieu n'est-il pas le complice du péché dès lors qu'il ne l'empêche pas, alors qu'il en a le pouvoir ? N'en est-il pas même l'instigateur (le « fauteur »[1]), vu qu'il préordonne toutes choses pour qu'il se produise, voire l'auteur, puisqu'il fournit à l'homme la force par laquelle celui-ci agit et accomplit ses crimes ?

On le voit : qu'il y ait nécessité ou liberté, c'est en dernière instance la justice de Dieu que l'existence du mal remet en cause. Ici un second passage autobiographique,

---

1. Voir la *Profession de foi du philosophe*, p. 89.

extrait d'une lettre à Isaac Jaquelot (datant vraisemblablement de l'hiver 1704-1705), mérite d'être cité :

> Pour moi, j'ai examiné ces matières de la liberté et de la prédestination depuis l'âge de 15 ans, ayant lu dès lors Luther *de servo arbitrio* et Valla contre Boèce, et quelques scolastiques, sans parler de nos auteurs ordinaires. J'en conférai depuis avec Monsieur de Walenbourg à Mayence, avec Feu M. Fabritius à Heidelberg et avec M. Arnauld à Paris ; j'ai même échangé des lettres avec le dernier. Et il m'a paru qu'on pouvait traiter solidement ces points de la théologie qui servent à décharger Dieu de l'imputation du mal, et ceux de la religion révélée qui nous exemptent d'accorder une damnation absolue avant le rapport au péché[1].

La référence à la vocation, qu'une grâce particulière aurait inspirée, a disparu. L'impulsion primitive trouve désormais une autre origine. Il n'est plus question de l'œuvre de Dieu, mais d'œuvres et de rencontres humaines décisives. Certes l'intérêt pour les questions relatives à la liberté et à la nécessité (ou encore à la contingence et au destin[2]) est toujours présent, mais Leibniz mentionne en outre la *prédestination*. Ce dernier thème est évidemment lié aux autres[3]. Il indique cependant une préoccupation théologique qui n'était qu'implicite dans la lettre à Jablonski, où était seulement évoqué le projet de « favoriser l'union

---

1. GP III, 481.
2. Voir Grua 458-459 ; GP III, 143.
3. Ces sujets sont souvent cités en même temps. Voir par exemple ce passage daté aux alentours de 1695 : « Je crois que je ferai quelque chose d'important, si je libère le genre humain des controverses sur le destin, le libre arbitre, la justice de Dieu, la cause du mal, la prédestination » (Grua 347).

des Églises protestantes »[1]. Le rapport avec ce dessein irénique devient maintenant plus clair. La prédestination est en effet un sujet hautement controversé et même conflictuel parmi les confessions religieuses. Elle est sans doute le problème théorique principal à résoudre, le point doctrinal majeur sur lequel se fixent les oppositions et achoppent les tentatives conciliatrices. Il est donc très important, sinon urgent, d'en traiter, à la fois pour des raisons pratiques (théologico-politiques) et, sur le plan spéculatif, parce qu'en elle se rencontrent et se mêlent les deux questions déjà citées : d'une part celle du libre et du nécessaire, d'autre part celle de la justice divine.

La « vocation » du jeune Leibniz apparaît alors sous un jour nouveau. Elle est étroitement liée à la réconciliation et à la paix des Églises, entre les partis protestants mais aussi entre protestants et catholiques, tâche à laquelle le philosophe a travaillé toute sa vie. Quoiqu'elle puisse encore être placée sous la bénédiction divine, elle puise donc à une source différente de celle dont parlait la lettre à Jablonski. Elle serait née de la lecture de livres et notamment de deux ouvrages, *Du serf arbitre* de Martin Luther (1483-1546) et le *Dialogue sur le libre arbitre* de Lorenzo Valla (1407-1457). Le premier, dirigé contre Érasme, faisait de l'homme l'esclave du péché, incapable par lui-même de faire le bien. Il présentait Dieu tel un être tout-puissant et incompréhensible, auteur du bien comme du mal, dont les desseins sont impénétrables à notre raison finie et corrompue. Le second, opposé à Boèce, montrait la possibilité d'accorder la liberté humaine avec la prescience

---

1. Dans sa lettre à Antonio Magliabechi du 20 septembre 1697, Leibniz évoque des « éléments », établis dans la « Théodicée » qu'il projette, qui pourront recevoir l'approbation de théologiens de tous les partis et contribuer à mettre fin à leurs disputes (A I, 14, 520-521).

divine, mais laissait non résolu le problème de la prédestination, des motifs de l'élection et de la damnation.

Leibniz reconnaît avoir été fortement impressionné et charmé par la lecture de ces deux textes[1]. Mais il suggère en même temps qu'il aurait senti, dès cette époque, leurs défauts et leurs limites. Ne soulevaient-ils pas autant, sinon davantage, de problèmes qu'ils n'en résolvaient? Valla n'était pas allé assez loin. Les paroles de Luther avaient quelque chose d'excessif et de choquant[2] : elles devaient pour le moins être modérées, notamment lorsque le réformateur allemand déclarait que Dieu fait le bien par les bons, le mal par les méchants[3], sauve l'un et abandonne l'autre de façon arbitraire et apparemment injuste[4].

Les deux livres marquèrent sans conteste le jeune homme, tout en le laissant certainement insatisfait. Alors aurait peu à peu germé en son esprit le dessein de « décharger Dieu de l'imputation du mal », de montrer que l'élection et la damnation ne relèvent pas d'un décret arbitraire,

1. FC (NL), *Vita Leibnitii*, p. 386. Dans le *Dialogue effectif sur la liberté de l'homme et sur l'origine du mal* (25 janvier 1695), Leibniz parle de « l'excellent ouvrage de Luther *du serf arbitre*, qui est fort bon à mon avis, pourvu qu'on adoucisse quelques expressions outrées, et qui m'a toujours paru dès ma jeunesse le livre le plus beau et le plus solide qu'il nous ait laissé » (Grua 369).

2. Voir par exemple Grua 145 ; Grua 375 ; Grua 378 ; *Théodicée*, préface, GP VI, 43 ; *Discours préliminaire de la conformité de la foi avec la raison*, § 50.

3. Voir la comparaison du cavalier et du mauvais cheval in *Du Serf arbitre*, II, traduction de G. Lagarrigue, Paris, Gallimard, 2001, p. 285-286. Qu'un cavalier monte un cheval qui a deux ou trois jambes, ou un cheval sain, il le montera de la même façon et le cheval défectueux avancera mal, quand le bon cheval avancera correctement. De même Dieu, qui ne peut mal faire, fera le bien par les bons, le mal par les méchants. Leibniz commente : « parole trop dure, car c'est le cheval qui avance mal, pas le cavalier » (Grua 506).

4. Voir *Du Serf arbitre*, II, p. 329-330.

mais que la providence se fonde toujours sur des raisons sages et justes.

L'évocation de rencontres et d'entretiens avec des personnages appartenant à différentes confessions (Pierre de Walenbourg, Jean-Louis Fabrice, Antoine Arnauld [1]) témoigne de la volonté de trouver des bases philosophiques et théologiques sur lesquelles les Églises pourraient s'accorder et établir l'union. Elle est aussi une manière pour Leibniz de montrer, d'une part, qu'il est libre de tout préjugé, hostile à tout esprit de secte, et que son jugement est équitable, d'autre part, qu'il réfléchit sur ces sujets depuis longtemps. À cet égard, une nouvelle référence autobiographique doit être mentionnée. Elle est le récit public que l'auteur livre des circonstances qui l'ont conduit à l'écriture des *Essais de théodicée*. Dans la préface de cet ouvrage publié en 1710, sont à nouveau évoquées « les questions de la nécessité, de la liberté et de l'origine du mal », auxquelles s'ajoutent celles, plus proprement théologiques, « du péché originel, de la grâce et de la prédestination » [2]. Touchant ce dernier point, Leibniz insiste particulièrement sur le problème que pose l'élection d'un petit nombre d'hommes (quand la plupart sont damnés), dans la mesure où Dieu semble, par ce choix, faire preuve d'une « partialité ou [d'une] *acception des personnes* » contraire à la justice [3]. Il rappelle que Pierre Bayle (1647-1706) s'est employé avec talent, notamment dans son *Dictionnaire historique et critique* [4], à relever toutes les difficultés qui naissent sur ces matières, afin de rendre

1. Le premier est un théologien catholique, le deuxième est réformé, le troisième janséniste.

2. GP VI, 35.

3. GP VI, 36.

4. Rotterdam, 1697 pour la première édition; même lieu, 1702 pour la deuxième.

manifeste la contradiction dans laquelle se trouve la raison avec elle-même et avec les enseignements de la foi. Il se propose de lui répondre en détail, avec l'espoir que la vérité « toute nue » triomphera de « tous les ornements de l'éloquence et de l'érudition », puis formule le vœu suivant :

> [...] et on espère d'y réussir d'autant plus que c'est la cause de Dieu qu'on plaide, et qu'une des maximes que nous soutenons ici porte que l'assistance de Dieu ne manque pas à ceux qui ne manquent point de bonne volonté. L'auteur de ce discours [Leibniz] croit en avoir donné des preuves ici, par l'application qu'il a apportée à cette matière. Il l'a méditée dès sa jeunesse, il a conféré là-dessus avec quelques-uns des premiers hommes du temps et il s'est instruit encore par la lecture des bons auteurs [1].

Leibniz narre ensuite les circonstances particulières liées à la rédaction du livre (en particulier les conversations menées à la cour de la reine de Prusse Sophie-Charlotte), la controverse qu'il a eue avec Bayle au sujet de l'hypothèse de l'harmonie préétablie, avant de revenir aux « difficultés qu'il [Bayle] avait fait valoir contre ceux qui tâchent d'accorder la raison avec la foi à l'égard de l'existence du mal ». À ce propos il écrit :

> En effet, il y a peut-être peu de personnes qui y aient travaillé plus que moi. À peine avais-je appris à entendre passablement les livres latins, que j'eus la commodité de feuilleter dans une bibliothèque ; j'y voltigeais de livre en livre, et comme les matières de méditation me plaisaient autant que les histoires et les fables, je fus charmé de l'ouvrage de Laurent Valla contre Boèce, et de celui de Luther contre Érasme, quoique je visse bien qu'ils avaient besoin d'adoucissement. Je ne m'abstenais pas des livres

1. GP VI, 38.

de controverse et, entre autres écrits de cette nature, les Actes du Colloque de Montbéliard, qui avaient ranimé la dispute, me parurent instructifs. Je ne négligeais point les enseignements de nos théologiens ; et la lecture de leurs adversaires, bien loin de me troubler, servait à me confirmer dans les sentiments modérés des Églises de la confession d'Augsbourg. J'eus l'occasion dans mes voyages de conférer avec quelques excellents hommes de différents partis, comme avec Monsieur Pierre de Walenbourg, suffragant de Mayence, avec Monsieur Jean-Louis Fabrice, premier théologien de Heidelberg, et enfin avec le célèbre Monsieur Arnauld, à qui je communiquai même un dialogue latin de ma façon sur cette matière, environ l'an 1673, où je mettais déjà en fait que Dieu ayant choisi le plus parfait de tous les mondes possibles, avait été porté par sa sagesse à permettre le mal qui y était annexé, mais qui n'empêchait pas que, tout compté et rabattu, ce monde ne fût le meilleur qui pût être choisi. J'ai encore depuis lu toute sorte de bons auteurs sur ces matières, et j'ai tâché d'avancer dans les connaissances qui me paraissent propres à écarter tout ce qui pouvait obscurcir l'idée de la souveraine perfection qu'il faut reconnaître en Dieu. Je n'ai point négligé d'examiner les auteurs les plus rigides, et qui ont poussé le plus loin la nécessité des choses, tels que Hobbes et Spinoza […]. [1]

Ce récit autobiographique est certainement le plus développé et le plus complet. On y trouve des éléments déjà rencontrés, mais insérés dans une trame plus étendue, qui remonte cette fois à l'enfance (puisque Leibniz apprit le latin vers l'âge de 8 ans). La faveur divine ne préside plus au destin du philosophe. En apparence tout au moins, car la « bonne volonté » dont il est fait mention est bien à comprendre comme un don de

1. GP VI, 43.

Dieu[1]. La grâce n'est donc pas absente. Et si elle ne paraît pas vraiment initier la « vocation », il est certain qu'elle doit l'accompagner. C'est pourquoi celui qui entend défendre la « cause de Dieu » la sollicite expressément et croit même en déceler l'effet dans les succès obtenus jusque-là[2]. Cependant, comme dans la lettre à Jaquelot, la lecture fournit l'impulsion originaire. Une lecture d'abord libre, dispersée et assez superficielle dans la bibliothèque paternelle. Une lecture sans ordre mais guidée par le plaisir[3] et dont l'orientation va être définitivement donnée par la découverte de Valla et de Luther. L'attrait exercé par leurs œuvres n'est pas sans susciter une certaine réserve. Néanmoins le « charme » opère : le jeune homme, qui butinait çà et là, prend sérieusement goût aux « matières de méditation » et de controverse, lit avec avidité les théologiens de son « parti » comme leurs adversaires, et entreprend de converser avec des hommes réputés. Le projet irénique n'est pas absent, comme le confirmera Leibniz à l'un de ses correspondants : « Par la *Théodicée*, j'ai tâché de contribuer à la réconciliation des esprits échauffés mal à propos »[4]. Cependant, peut-être en raison des déconvenues rencontrées en la matière[5], l'ambition

1. Voir *infra* la *Profession de foi du philosophe*, p. 117, note 2.
2. Voir GP VI, 38-39.
3. Voir la lettre de Leibniz au duc Jean-Frédéric (octobre 1671), A II, 1, 261 (« nur aus trieb der delectation ») ; FC (NL), *Vita Leibnitii*, p. 385-386.
4. Lettre de Leibniz à François Turretin (juillet 1712), citée par Jean Baruzi, *Leibniz et l'organisation religieuse de la terre, d'après des documents inédits*, Paris, Alcan, 1907, p. 196.
5. Les négociations iréniques menées, par l'intermédiaire de Leibniz et Jablonski, entre la cour luthérienne de Hanovre et la cour réformée de Berlin avaient abouti à un échec en 1706. Sur ce point voir Claire Rösler-Le Van, *Negotium Irenicum. L'union des Églises protestantes selon G. W. Leibniz et D. E. Jablonski*, Paris, Classiques Garnier, 2013, en particulier p. 19-143.

de réunir les Églises n'est pas explicitement mise en avant ici et il faut plutôt souligner l'attachement à la confession d'Augsbourg, clairement revendiqué par l'auteur.

La préface insiste, en revanche, sur l'extrême préparation d'un dessein philosophique longuement mûri. Leibniz le répétera à Thomas Burnett : « comme j'ai médité sur cette matière [qui est l'objet de la *Théodicée*] depuis ma jeunesse, je prétends de l'avoir discutée à fond »[1]. La *Théodicée* apparaît comme l'aboutissement d'une réflexion non seulement précoce et approfondie, mais encore constante et prodigieusement cohérente, si l'on en croit le renvoi au « dialogue latin » communiqué en 1673 à Arnauld, où l'essentiel des thèses exposées en 1710 serait déjà présent. Quel est ce dialogue ? Sans nul doute la *Profession de foi du philosophe*, ont supposé commentateurs et éditeurs. Or il suffit de lire ce texte pour constater que le résumé qui en est fait ici dans la préface ne correspond pas à son contenu réel, que la question du mal et de la justice de Dieu y est traitée de manière sensiblement différente de celle qui prévaudra dans la *Théodicée*. Il est clair que les concepts de meilleur, de possible, de permission, utilisés à plus de trente-cinq ans de distance, n'ont pas exactement le même sens ni ne servent tout à fait la même doctrine. Alors de deux choses l'une : soit Leibniz parle d'un autre dialogue, mais alors il s'agirait d'un écrit contemporain de la *Profession de foi du philosophe*, abordant le même sujet et pourtant fondé sur d'autres présupposés métaphysiques, soit – et c'est plus probable – il s'agit bien de la *Profession de foi du philosophe* (ou d'un texte perdu, mais avançant des thèses similaires) et Leibniz réécrit

1. Lettre de Leibniz à Burnett (30 octobre 1710), GP III, 321.

l'histoire, efface les divergences pour établir une continuité artificielle dans sa biographie intellectuelle.

Ces passages extraits de la préface aux *Essais de théodicée* relèvent d'une indéniable reconstruction *a posteriori*. Les ingrédients d'une histoire, plusieurs fois esquissée, sont là. On retrouve même la référence à Hobbes et à Spinoza. Cependant, alors que la lettre à Jablonski soulignait la force de leurs arguments nécessitaristes – auxquels il était difficile de répliquer –, Leibniz se contente d'évoquer ces auteurs parmi d'autres qu'il a « examinés », sans suggérer le moins du monde une quelconque affinité, même temporaire avec eux. L'itinéraire intellectuel qu'il choisit maintenant de dessiner est plus linéaire. Or la connaissance que nous avons des écrits de jeunesse invite à lire ce récit avec circonspection. L'ensemble des textes que nous éditons dans ce volume offrent en effet une autre image de la pensée du philosophe entre les années 1670 et 1677. Ils présentent un Leibniz différent de celui de la *Théodicée* (malgré la permanence de certaines positions). À côté de la narration rétrospective d'une trajectoire continue et sans inflexion, se fait jour une histoire plus complexe, évolutive, faite de tâtonnements et de révisions.

CONTINUITÉ ET DISCONTINUITÉ : LES TEXTES DU JEUNE LEIBNIZ

Il ne s'agit pas de mettre en doute l'ancienneté du dessein leibnizien de défendre la justice divine, mais de souligner que la persistance du projet apologétique n'implique pas que celui-ci ait toujours été conçu de la même façon par son auteur, ni qu'il ait toujours pris à ses yeux une forme identique, ni qu'il ait été conduit dans un cadre théorique demeuré inchangé. Ici comme en d'autres domaines et sur d'autres sujets, la pensée du philosophe allemand n'est pas restée figée. Elle est au contraire à saisir dans le mouvement de son invention perpétuelle, à travers les transformations conceptuelles et les changements problématiques successifs qu'elle a connus. Aussi l'application d'un vocable et d'un concept propres à une époque déterminée à des textes appartenant à une autre période et relevant d'un autre dispositif théorique est-elle anachronique et même incongrue. C'est pourtant ce que fait Leibniz lui-même en parlant, rétrospectivement, de « Théodicée » dans sa lettre à Jablonski, alors que ce terme ne saurait convenir en toute rigueur à ses premiers essais, au vu de ce que nous savons maintenant des textes. Le néologisme, forgé à partir des mots grecs *théos* (Dieu) et *dikè* (justice), n'apparaît pas vraisemblablement avant 1696 (ou peut-être 1695 [1]). Certes l'invention d'un nom peut très bien être postérieure à l'invention de la chose que ce nom désigne. Si « Théodicée » signifie simplement la « justice de Dieu », il est incontestable que Leibniz en traite dès ses premiers écrits. Cependant, comme nous l'avons montré ailleurs [2], cette création terminologique est en réalité inséparable de la constitution d'une doctrine métaphysique et théologique originale, elle-même associée au déploiement d'arguments défensifs spécifiques, dont le livre de 1710 donnera l'exposé complet.

Les textes que l'on va lire ne sont donc pas les éléments d'une « première » ou proto-théodicée, ou l'exposition

1. Grua propose en effet de dater le fragment intitulé « Guillelmi Pacidii. THEODICAEA [...] » entre 1695-1697 (Grua 370).
2. Voir P. Rateau, *La question du mal chez Leibniz. Fondements et élaboration de la Théodicée* (Paris, H. Champion, 2008), les deuxième et troisième parties.

d'une « théodicée de jeunesse »[1]. Ils se distinguent notamment par deux traits particuliers. D'une part, ils s'enracinent dans une critique explicite de la conception augustinienne du mal comme non-être et des arguments traditionnellement allégués pour exonérer Dieu de la responsabilité du péché. Cette critique est particulièrement développée dans *De la toute-puissance et de l'omniscience de Dieu et de la liberté de l'homme* et dans l'opuscule *L'auteur du péché* (à propos du concours divin aux actions des créatures). Elle conduit à faire de Dieu sinon l'*auteur* du mal, en tout cas sa *raison* ultime – distinction opérée dans la *Profession de foi du philosophe* – suivant une perspective encore très influencée par Luther. D'autre part, ces textes s'inscrivent dans le cadre d'une doctrine nécessitariste proche à certains égards[2] de celle de Hobbes, comme en témoigne la lettre à Wedderkopf et le confirme Leibniz lui-même. À plusieurs reprises en effet, il évoque cette période où il était « peu éloigné de l'opinion de ceux qui pensent que tout est absolument nécessaire, jugent qu'il suffit que la liberté soit préservée de la contrainte bien qu'elle soit soumise à la nécessité, et qui ne distinguent pas le nécessaire de l'infaillible, c'est-à-dire du vrai lorsqu'il est connu avec certitude »[3]. La *Profession de foi*

1. G. Grua, dans Grua, « Avertissement », p. VII; Y. Belaval, *G. W. Leibniz. Confessio philosophi. La profession de foi du philosophe*, Paris, Vrin, 1961; 1970; p. 25-26; O. Saame, *G. W. Leibniz. Confessio philosophi. Das Glaubensbekenntnis des Philosophen*, Francfort-sur-le-Main, V. Klostermann, 1967; 1994; p. 9, in 16-17; R. Sleigh, « Leibniz's First Theodicy », *Noûs*, 30 (Supplement), 1996, p. 481-499.

2. Sur les points communs et les différences avec Hobbes, voir notre livre, notamment p. 125-135.

3. A VI, 4-B, 1653. Leibniz déclare à Paul Pellisson-Fontanier : « [...] j'ai été longtemps en doute s'il y avait moyen de sauver la contingence et d'éviter la nécessité des événements, puisque, en effet, tout événement est déterminé par des raisons *a priori* » (lettre

du philosophe n'atténue que partiellement ce nécessitarisme en introduisant, sous condition et avec prudence, la distinction entre nécessité absolue et nécessité hypothétique héritée des scolastiques. Car Dieu est conçu comme le premier terme ou maillon de la série entière des choses qui constitue le monde, monde qui ne peut être autrement qu'il n'est, une fois posée l'existence divine. Sur ce point la conversation avec Sténon marquera une évolution notable.

Nous allons maintenant retracer brièvement les circonstances de la rédaction des textes édités ci-après, en montrant dans quelle mesure ils indiquent des étapes importantes dans l'histoire de la doctrine leibnizienne du mal et de la justice de Dieu.

I. En 1668, Leibniz entre au service de l'Électeur catholique, prince-archevêque de Mayence, Jean-Philippe de Schönborn (1605-1673), qui l'emploie à un projet de réforme et de réorganisation du droit romain en collaboration avec le juriste Hermann Andreas Lasser. Dans ce milieu irénique, sous le patronage du baron de Boinebourg, le jeune philosophe élabore le plan d'un vaste dessein : les *Démonstrations catholiques*. Celles-ci doivent, après des prolégomènes contenant les « Éléments de la philosophie »[1], comporter quatre grandes parties (divisées ensuite en

du 27 juillet 1692, A I, 8, 158). Voir aussi les propos qu'il met dans la bouche de Théophile, son porte-parole, dans les *Nouveaux Essais sur l'entendement humain* (livre I, chap. 1, A VI, 6, 73) : « Vous savez que j'étais allé un peu trop loin ailleurs et que je commençais à pencher du côté des spinozistes, qui ne laissent qu'une puissance infinie à Dieu, sans reconnaître ni perfection ni sagesse à son égard, et méprisant la recherche des causes finales dérivent tout d'une nécessité brute […] ».

1. Ces « Éléments » embrassent les premiers principes de la métaphysique (de l'être), de la logique (de l'esprit), de la mathématique (de l'espace), de la physique (du corps) et de la philosophie pratique (de la cité) (A VI, 1, 494).

chapitres), consacrées respectivement à la « démonstration de l'existence de Dieu » (I), à la « démonstration de l'immortalité de l'âme et de son incorporalité » (II), à la « démonstration de la possibilité des mystères de la foi chrétienne » (III) et à la « démonstration de l'autorité de l'Église catholique » et « de l'autorité de l'Écriture » (IV) [1].

C'est à cet immense projet que les éditeurs de l'*Akademie Verlag* ont rattaché un certain nombre d'écrits leibniziens pratiquement contemporains, dont un opuscule allemand sans titre ni date, auquel ils ont donné le nom suivant : *De la toute-puissance et de l'omniscience de Dieu et de la liberté de l'homme* (« Von der Allmacht und Allwissenheit Gottes und der Freiheit des Menschen » [2]). Ce texte, rédigé probablement entre 1670 et 1671, laissé inachevé, aborde en effet des sujets dont les *Démonstrations catholiques* étaient censées traiter, notamment dans sa troisième partie : l'omniscience et la toute-puissance (chapitres 2 et 3), la liberté des esprits (chapitre 16), le droit divin (chapitre 17), si Dieu est cause du mal de coulpe et du mal de peine (chapitre 18), la cause du péché (chapitre 21). Le choix des éditeurs est pourtant contestable, dans la mesure précisément où notre opuscule traite en même temps de questions que le plan initial par chapitres distinguait et envisageait, par conséquent, d'examiner séparément. Le texte, suivant un autre ordre d'exposition, présente une unité propre – en dépit de son état d'inachèvement – qui autorise, selon nous, à le considérer comme un écrit autonome et valant pour lui-même, sans rapport nécessairement direct avec ces *Démonstrations*.

---

1. Voir A VI, 1, 494-500.
2. Claire Rösler en a donné une traduction française, accompagnée d'une présentation et de notes dans la revue *Philosophie*, n°68, Paris, Minuit, 2001, p. 66-86.

Il n'en est pas moins lié, comme ces dernières, à l'ambition de réconcilier les Églises. À ce titre, il peut être rapproché de réflexions menées à la même époque, dont l'objet était plus « circonscrit ». Dans une lettre du 13 février 1671 au duc Jean-Frédéric de Hanovre, Leibniz annonce qu'il a récemment rédigé une « modeste méditation sur le libre arbitre de l'homme, la prescience divine, le bonheur et le malheur, la providence ou le destin, la prédestination, le concours à l'action des créatures, l'équité dans l'abandon de l'un et l'élection de l'autre, et la justice ou l'injustice [du sort] réservé aux damnés »[1]. Son but était de rapprocher les différents partis religieux, en écartant termes et distinctions scolastiques qui ont tant obscurci les choses et embrouillé les esprits, au profit d'un langage clair et compréhensible par tous. Il explique son choix d'écrire cette « méditation » en latin – le latin que parlerait un paysan s'il en existait un au monde – par le souci d'être compris par des étrangers auxquels elle pourrait être communiquée. Il avoue pourtant qu'il aurait préféré l'allemand, naturellement rétif à la formation de tels termes[2].

Les thèmes abordés, la question centrale de la prédestination ainsi que la critique du vocabulaire scolastique rappellent indéniablement le texte *De la toute-puissance et de l'omniscience de Dieu*. Celui-ci ne peut être cependant cette « méditation », aujourd'hui disparue, puisqu'il est en allemand. Il pourrait en être un brouillon – interrompu, la décision ayant été prise ensuite d'écrire en latin ? – ou, à l'inverse, sa traduction partielle en langue vernaculaire. Quoi qu'il en soit, il constitue la première tentative de Leibniz (qui nous soit parvenue) de résolution des difficultés relatives à l'existence du mal et à la justice

1. A II, 1, 136.
2. *Ibid.*, 137.

de Dieu. La question initiale – « comment concilier le libre-arbitre de l'homme, châtiment et récompense, avec la toute-puissance et l'omniscience de Dieu qui gouverne toutes choses ? » (§ 1) – est double. Il s'agit de savoir comment accorder, d'une part, la liberté et la prescience, d'autre part, la légitimité des sanctions avec l'omnipotence et la providence divines. Tout l'objet de la controverse repose, selon Leibniz, sur deux sophismes principaux. Le premier concerne la prescience (*Vorsehung*) et consiste à affirmer que l'omniscience divine est incompatible avec la liberté humaine. Il aboutit à l'argument paresseux et au fatalisme : si ce que Dieu prévoit ne peut pas ne pas arriver et si Dieu prévoit que je pécherai et serai damné, alors mon péché et ma damnation sont nécessaires. Ils ne peuvent pas ne pas arriver (sinon Dieu se tromperait), et se produiront donc quoi que je fasse (§ 8). Le second a trait à la prédestination (*Versehung*). Il revient à faire de Dieu l'instigateur et même l'auteur véritable du péché qu'il punit, dans la mesure où il ne le permet pas seulement, en simple « spectateur », mais y concourt par sa volonté et sa puissance, en créant les circonstances et les occasions qui y mènent, en incitant l'homme à le commettre (par la tentation), quand il pouvait l'empêcher (§ 14-15).

Le premier sophisme est réfuté une fois qu'il est montré que la prévision du péché par Dieu ne rend pas celui-ci nécessaire, de sorte qu'il se produira *quoi qu'on fasse*. Le péché arrivera à condition que ses causes soient posées, c'est-à-dire à condition que son auteur le veuille et l'accomplisse effectivement (§ 13). L'examen du second « sophisme », en revanche, ne conduit pas à dénoncer un quelconque paralogisme, mais donne lieu à une sévère critique des arguments que les scolastiques ont tirés des Pères de l'Église pour l'écarter. Selon ces auteurs, Dieu n'est pas l'auteur du péché, il n'y concourt en rien, car le mal est un néant (§ 18). Outre que l'argument peut également valoir dans le cas du pécheur, il revient à distinguer dans l'acte mauvais sa réalité « matérielle » (que Dieu produit) de son imperfection (à laquelle Dieu ne contribuerait pas). Ce qui est aussi absurde que de prétendre qu'un mauvais joueur de violon est la cause des mouvements de l'archet, sans l'être des dissonances qui en résultent (*ibid.*). Le texte se termine par une critique de la définition du libre-arbitre comme pure indifférence et par le rejet de la doctrine de la science moyenne due à Fonseca et Molina (§ 19).

II. Seules trois lettres [1] ont été conservées de la correspondance entre Leibniz et Magnus Wedderkopf (ou von Wedderkop(p), 1637-1721), juriste allemand, professeur de droit à Kiel. La lettre que nous traduisons ici du latin date vraisemblablement de mai 1671. Elle répond à celle de Wedderkopf du 6 avril 1671, dans laquelle ce dernier demandait à Leibniz les livres qu'il connaissait sur le destin et son opinion sur le sujet [2].

La lettre contient le témoignage certainement le plus explicite du nécessitarisme du jeune Leibniz. Le décret divin est identifié à la nécessité des événements. Or l'omnipotence de Dieu implique que rien ne peut être contraire à son décret, son omniscience qu'il décide de toutes choses. Par conséquent, il faut admettre qu'il est absolument l'auteur de toutes choses et ne se contente jamais de permettre ce qui arrive. Puisque toutes choses sont conformes à son décret, elles sont nécessaires. Cette nécessité est cependant comprise comme une nécessité du/au meilleur, de sorte qu'elle n'enlève rien à la liberté. Le décret absolu de Dieu ne renvoie donc pas à une volonté décidant sans raison, indépendamment de la bonté

---

1. A I, 1, n° 58 et n° 79 ; A II, 1, n° 60.
2. A I, 1, 137.

intrinsèque des choses, mais à une volonté soumise à l'entendement qui contient les essences incréées – position qui, notons-le, éloigne le nécessitarisme de Leibniz de celui d'un Hobbes. L'absence de « volonté permissive » en Dieu conduit à l'affirmation que « rien n'est absolument parlant un mal » et que les péchés sont des « biens » au sens où, pris avec leur châtiment, ils entrent dans l'harmonie universelle. Leibniz termine sa lettre en priant son correspondant de ne pas rendre public le contenu de ses propos.

III. La *Profession de foi du philosophe* (*Confessio Philosophi*)[1] se présente comme un dialogue entre un théologien et un philosophe. Écrite en latin, elle a été rédigée pendant le séjour de Leibniz à Paris, vraisemblablement entre l'automne 1672 et l'hiver 1672-1673. L'édition du texte par l'*Akademie Verlag* a été réalisée à partir de deux manuscrits conservés à Hanovre. Le premier (L[1]) comprend l'ensemble du dialogue, sous le titre *Profession de foi du philosophe*, avec les remarques que Otto Saame[2] a identifiées être celles de Nicolas Sténon (Niels Stensen, 1638-1686) suivies des réponses de Leibniz[3]. En tête du deuxième feuillet (recto) apparaît un nouveau titre : *Fragment d'un dialogue sur la liberté humaine et la justice de Dieu*[4]. Le second manuscrit (L[2])

---

1. Le texte a été édité pour la première fois par Ivan Jagodinsky sous le titre *Leibnitiana inedita. Confessio philosophi*, Kazan, 1915. Yvon Belaval le publia à son tour, en corrigeant la transcription qu'en avait faite Jagodinsky. Il y joignit une traduction en français, une présentation et des notes (*op. cit.*, Vrin, 1961). Six ans après, Otto Saame livra l'édition pratiquement définitive du texte, avec une traduction allemande annotée (*op. cit.*, Klostermann, 1967).

2. Voir (*op. cit.*, Klostermann, 1967), p. 20-23.

3. Ces remarques et ces réponses figurent en note dans notre édition.

4. Voir p. 89, note a.

est une version corrigée du dernier tiers environ de L[1] et comporte le titre suivant : *Fragment d'une conversation entre Théophile et Épistémon sur la justice de Dieu à l'égard de la prédestination et sur d'autres questions touchant ce sujet*[1]. L[2] aurait été composé entre 1677 et 1678 – période dont dateraient également les remarques de Sténon et les réponses de Leibniz figurant dans L[1]. Dans L[1] comme dans L[2], la fin du texte est barrée.

L'allusion à ce dialogue dans des notes prises sur Samuel von Pufendorf sans doute pendant l'hiver 1675-1676[2], la volonté de le soumettre à Sténon, ainsi que la copie partielle qui en est réalisée (L[2]) vraisemblablement à la même époque, montrent l'intérêt que continuait de susciter ce texte chez son auteur, cinq ans après sa rédaction. Il est aussi très probable que les diverses mentions d'un « dialogue » communiqué à Arnauld « sur la cause du mal et sur la justice de Dieu »[3], ou encore à ce dernier et à Gilles Filleau des Billettes sur la liberté[4], alors que Leibniz était en France, renvoient à la *Profession de foi du philosophe*. Preuve que l'auteur de la *Théodicée* n'avait pas oublié cette œuvre de jeunesse, ni ne la reniait, alors qu'il en avait depuis révisé sérieusement certaines thèses, et ce dès 1676[5]. Il serait donc erroné de croire que les positions défendues dans le dialogue reflètent fidèlement la pensée de Leibniz jusqu'en 1678, et que celui-ci les admettait toutes sans réserve encore à cette date. L'attachement (relatif) à un écrit ne signifie pas forcément une adhésion

---

1. Voir p. 142, note a.
2. Voir *infra*, p. 137, note 1.
3. Voir *Théodicée* § 211, GP VI, 244 ; préface, GP VI, 43.
4. Lettre de Leibniz à Nicolas Malebranche (22 juin 1679), A II, 1, 724-725.
5. Voir *infra*, p. 42 *sq.*

totale à son contenu. Chez un philosophe dont le progrès de la pensée va de pair avec une réécriture incessante, un texte peut conserver une certaine valeur et un usage bien après sa composition, en dépit des évolutions théoriques intervenues entretemps.

La *Profession de foi du philosophe* commence par une déclaration du théologien évoquant une discussion récente avec le philosophe sur « l'immortalité de l'âme et la nécessité d'un gouverneur du monde ». Sur la base de cette référence liminaire, Alexandre Foucher de Careil affirme qu'un dialogue « malheureusement perdu », consacré à la démonstration de l'immortalité de l'âme et de l'existence de Dieu précédait notre texte [1]. Il n'en fallut pas davantage pour nourrir des conjectures, parmi les commentateurs, sur cet écrit prétendument disparu. Rien ne prouve pourtant que Leibniz l'ait effectivement composé. La présentation de Foucher de Careil est en réalité trompeuse, car il cite le titre général sous lequel ces « deux » dialogues auraient été rassemblés : *Dialogus de immortalitate mentis et necessitate rectoris in mundo et confessio philosophi, seu de justitia Dei circa praedestinationem aliisque adhoc argumentum spectantibus.* Or ce titre n'existe pas et semble bien être de son invention [2]. Certes la *Profession de foi du philosophe* devait, selon toute vraisemblance, s'insérer dans un projet plus vaste. Elle est supposée venir après une discussion sur l'immortalité de l'âme et l'existence

---

1. *Mémoire sur la philosophie de Leibniz*, Paris, 1905, volume I, p. 34-35.

2. Foucher de Careil a mis ensemble plusieurs éléments : une partie de la première phrase du dialogue (« de immortalitate mentis, et necessitate Rectoris in mundo »), le titre en tête de L [1] (« Confessio Philosophi ») et le titre en tête de L [2] (« De Justitia Dei circa praedestinationem aliisque ad hoc argumentum spectantibus »).

divine et précéder l'enseignement du théologien sur les mystères de la Révélation chrétienne [1]. Il se peut cependant que, pas plus que l'exposé théologique promis – dont on n'a pas trouvé trace –, le premier dialogue annoncé n'ait été effectivement rédigé. La *Profession de foi du philosophe* pourrait être le deuxième élément d'un triptyque, dont les deux autres volets seraient restés à l'état de simple programme.

Yvon Belaval suggère pour sa part (et à sa suite Otto Saame et Robert Sleigh [2]) que la première phrase du texte renverrait à une autre « profession de foi » : la *Profession de foi de la Nature contre les Athées*, écrite en 1668 et publiée en 1669. Celle-ci comprend en effet deux parties, l'une démontrant l'existence de Dieu, l'autre l'immortalité de l'âme [3]. Belaval y joint encore les opuscules liés au projet de *Démonstrations catholiques* de la période de Mayence. L'hypothèse, quoique séduisante, se heurte à l'objection suivante : aucun de ces textes ne se présente sous la forme d'un dialogue. Une autre explication peut être avancée selon nous. Dans le projet en triptyque qu'il concevait alors, Leibniz considérait sans doute que la question de la justice de Dieu et de la prédestination devait être traitée en priorité : d'une part en raison de la finalité irénique poursuivie (explicite à la fin de la *Profession de foi du philosophe*) et en raison du public visé (des théologiens qui ne doutaient pas de l'existence de Dieu ni de l'immortalité de l'âme) ; d'autre part parce que, fort des

---

1. Voir *infra*, *Profession de foi du philosophe*, p. 83, 165, 166.

2. Belaval, éd. cit., p. 13 et p. 113, note 1 ; Saame, éd. cit., p. 135, note 1 ; Sleigh, *G. W. Leibniz. Confessio philosophi. Papers Concerning the Problem of Evil, 1671-1678*, New Haven et Londres, Yale University Press, 2005, p. 149, note 2.

3. *Confessio Naturae contra Atheistas*, A VI, 1, 489-493.

démonstrations dont il disposait déjà, il pouvait estimer que ses arguments touchant Dieu et l'immortalité étaient connus et que la rédaction d'un dialogue sur ce sujet serait, le cas échéant, plus aisé à composer. Rien de tel dans le cas du problème du mal, dont un texte comme *De la toute-puissance et de l'omniscience de Dieu* avait souligné les difficultés – des difficultés auxquelles les doctrines traditionnelles n'offraient pas de réponse satisfaisante.

La première partie du dialogue est consacrée à la démonstration de la justice de Dieu (p. 83-121). Dieu est juste, en ce sens qu'il aime tous les esprits, c'est-à-dire se réjouit de leur félicité, ou encore sent l'harmonie de cette félicité. Or, parce que Dieu a aimé les uns plus que les autres, les premiers sont sauvés et les seconds rejetés. Le théologien soulève alors une série d'objections, touchant les raisons de la damnation d'un si grand nombre d'esprits, le concours de Dieu et sa responsabilité dans le péché, le libre arbitre et la légitimité des châtiments et des récompenses. L'application du principe selon lequel *Rien n'est sans raison* conduit le philosophe à reconnaître que Dieu est la raison ultime du péché, sans en être pour autant l'auteur par sa volonté. Ainsi « les péchés arrivent non parce que Dieu le veut mais parce qu'il est ». En effet, si Dieu est posé, c'est cette série de choses contenant les péchés qui s'ensuit ; à l'inverse, si cette série est supprimée ou changée, Dieu, qui en est la raison dernière, sera aussi supprimé ou changé. Ne faut-il pas en conclure que les péchés sont nécessaires ? Le philosophe montre que les péchés font partie de ces choses qui ne sont pas nécessaires par soi, mais sont contingentes « et seulement nécessaires hypothétiquement », car leur opposé est possible. Suit une réfutation du sophisme paresseux. Reste, pour terminer la démonstration de sa justice, à considérer le concours moral de Dieu au péché. En vérité, Dieu ne veut ni ne veut pas les péchés qui arrivent, mais les permet en tant qu'ils sont indissociables de l'harmonie universelle.

La deuxième partie du dialogue porte sur la liberté (p. 121-141) : que devient-elle – et que devient notre responsabilité – si notre volonté et nos pensées sont entièrement déterminées par les choses externes ? Le philosophe conteste la définition moliniste de la liberté et lui oppose celle d'Aristote : un agent est libre si le principe de son action est en lui et s'il est capable de choix. Or il est impossible que nous ne voulions pas une chose que nous jugeons bonne. La liberté ne saurait donc être un pouvoir d'agir sans raison, par pur caprice. Le péché procède de l'erreur et nous avons en nous le moyen d'y remédier : par la réflexion ou l'attention. Mais les damnés n'ont-ils pas le droit de se plaindre d'être nés, de s'être trouvés en des temps, des lieux, des circonstances et au milieu d'hommes qui les ont conduits à leur perte ? Pourquoi Dieu ne les a-t-il pas faits meilleurs, ne leur a-t-il pas donné les moyens d'éviter le péché ? Pour défendre la justice divine à nouveau mise en cause, le philosophe montre que les damnés ne doivent s'en prendre qu'à eux-mêmes, que le péché dépend de la volonté et que toute volonté mauvaise, quelles que soient ses causes, mérite une punition. Il ajoute qu'ils ne sont pas « absolument damnés pour toute l'éternité », mais « toujours damnables », car « ils peuvent toujours être délivrés », même s'ils ne le veulent pas.

La dernière partie du texte (p. 142-164) aborde la question de la prédestination. D'où vient la différence des âmes ? Pourquoi les unes sont-elles portées à aimer Dieu et les autres à le haïr, les premières vouées au salut, les secondes à la réprobation ? Il en est du monde, répond le philosophe, comme d'un État où les bons citoyens sont contents de la situation actuelle des affaires, mais ne laissent pas de travailler à rendre le futur le meilleur possible, alors que les mauvais citoyens ne cessent de se plaindre de l'ordre des choses, voudraient qu'il aille autrement et haïssent celui qui les gouverne. La considération de l'état des damnés, qui s'obstinent dans leur haine de Dieu, est l'occasion d'un intermède narrant l'histoire d'un ermite qui entreprit d'obtenir le salut de Belzébuth et de ses démons. Le philosophe rappelle ensuite que l'harmonie universelle requiert le malheur de certains, et en vient au principe d'individuation par lequel se distinguent des choses qui ne diffèrent que par le nombre. Il situe ce principe hors des choses elles-mêmes et considère que les esprits sont individués par le temps et le lieu. Dès lors « demander pourquoi cette âme plutôt qu'une autre a été d'emblée placée dans ces circonstances de lieu et de temps (d'où naît la série entière de la vie, de la mort et du salut ou de la damnation), [...] c'est demander pourquoi cette âme est cette âme » (p. 161-162). Vouloir la changer, modifier ce qui lui arrive, c'est la remplacer par une autre et changer toute la série des choses. La « théologie du philosophe » s'achève avec la promesse d'une initiation, par le théologien du dialogue, aux mystères révélés de la religion et sur l'affirmation de l'accord entre la foi et la raison (p. 165-166).

IV. Le petit texte intitulé *L'auteur du péché* par les éditeurs de l'*Akademie Verlag* a été rédigé en français pendant la période parisienne. Il daterait de 1673, mais aurait été composé après la *Profession de foi du philosophe*. Il vise à réfuter une thèse scolastique déjà critiquée dans *De la toute-puissance et de l'omniscience de Dieu* (§ 18), selon laquelle Dieu ne serait pas l'auteur du péché parce que celui-ci n'est qu'une « pure privation sans aucune réalité ». Leibniz dénonce l'abus fait ici de la distinction entre la cause *physique* et la cause *morale* – distinction qu'il employait lui-même avec une certaine réserve dans la *Profession de foi du philosophe*[1] –, en raison de la séparation illégitime qu'elle introduit entre la réalité de l'acte et son caractère mauvais. Il prend l'exemple du vol : le *physique* comprend l'objet (la proie) mais aussi tout le processus « mental » qui y mène, jusqu'à « la dernière détermination de la volonté », qui rend proprement criminel. Que signifie alors le *moral* du péché ? Il consistera dans une pure privation, à savoir dans « l'anomie », c'est-à-dire dans la non-conformité de l'acte avec la loi. Pour Leibniz, c'est là user d'un artifice qui n'est qu'un « faux-fuyant dont un homme raisonnable ne se laissera jamais payer ». Pour le prouver, il prend l'exemple de deux tableaux d'inégale grandeur. Le peintre ne peut être l'auteur de tout ce qui fait la réalité du petit tableau sans l'être aussi de « son privatif qui est la disproportion au grand tableau, ou sa petitesse ». Une fois encore l'argument, s'il était valable, conduirait à innocenter également le pécheur. Leibniz en conclut que ceux qui utilisent la distinction entre le physique et le moral du péché « font Dieu auteur du péché, sans le dire ».

V. Depuis décembre 1676, Leibniz est à Hanovre. Il a accepté le poste de bibliothécaire et de conseiller aulique que lui proposait Jean-Frédéric, duc de Brunswick-Lunebourg (1625-1679). Sous le titre *Conversation avec Monseigneur l'évêque Sténon sur la liberté* (*Conversatio cum Domino Episcopo Stenonio de Libertate*), il retranscrit en latin une discussion qu'il a eue le 27 novembre 1677 avec ce savant danois, converti au catholicisme et devenu évêque de Titiopolis, arrivé le 8 à la cour de Hanovre en qualité de « Vicaire apostolique des Missions du Nord ».

1. Voir p. 98, 99.

Nicolas Sténon s'était d'abord fait connaître par ses travaux en anatomie et en géologie [1]. Après sa conversion, il s'était détourné des recherches scientifiques pour se consacrer à la religion et à la propagation de la foi catholique [2]. Selon toute vraisemblance, Leibniz a eu avec lui au moins deux entretiens durant le mois de novembre, avant leur conversation du 27. Sténon en évoque notamment un, « après le repas », au cours duquel il fit lui-même le « récit des moyens par lesquels Dieu [le] sauva de toute la subtilité des philosophes dangereux et de toute la finesse des politiques amateurs de la même sorte de philosophie » [3].

Le texte qui nous occupe ne doit pas être lu comme le compte rendu fidèle de leur rencontre. Il ne reflète pas suffisamment ni sans doute exactement les thèses de Sténon. Outre qu'il n'est pas toujours facile d'identifier à coup sûr l'auteur des paroles rapportées, certaines déclarations attribuées à l'évêque par les éditeurs de l'*Akademie Verlag* pourraient tout aussi bien être tenues par Leibniz [4]. Il est probable que ce dernier ne cherchait pas tant à restituer le contenu réel des échanges qu'à clarifier et à mettre au net ses propres pensées, à l'occasion des objections soulevées par son interlocuteur. L'examen d'arguments couchés sur le papier est préférable, quand, dans la « chaleur de la conversation », il est impossible de considérer un sujet sous tous ses aspects et avec toute

1. Voir notamment son *Discours sur l'anatomie du cerveau* (Paris, 1669) et *De solido intra solidum naturaliter contento dissertationis prodromus* (Florence, 1669).

2. Il est en particulier l'auteur d'une *Lettre au réformateur de la nouvelle philosophie, à propos de la vraie philosophie* (*Nicolai Stenonis ad novæ philosophiæ reformatorem de vera philosophia epistola*, Florence, 1675), adressée à Spinoza, enjoignant à ce dernier de revenir de ses erreurs et de se soumettre à l'Église romaine.

3. Lettre de Sténon à Leibniz (novembre 1677), A II, 1, 576.

4. Voir p.176-180.

l'attention requise[1]. Leibniz envisageait-il d'écrire un dialogue à partir de cette « retranscription »? Cherchait-il à élaborer à partir d'elle un texte qui aurait pu recueillir l'assentiment de Sténon et favoriser, sur le terrain philosophique, une entente utile ensuite au projet de réconciliation des Églises? À cet égard, il est à noter que la « conversation » évite soigneusement les questions controversées entre protestants et catholiques (la prédestination, la transsubstantiation, les sacrements ou encore l'autorité de l'Église romaine). Les sujets abordés (la liberté, la nécessité, la cause du péché, la prescience et le concours de Dieu) suscitaient évidemment des oppositions entre les écoles théologiques, mais sans que ces débats – pour ainsi dire « transconfessionnels » – n'impliquent nécessairement ni directement de confrontation entre les partis religieux. Rien n'empêchait de s'accorder sur ces points de philosophie et de théologie naturelle tout en appartenant à des Églises différentes.

Il semble que Leibniz ait jugé l'entretien fructueux. Il y a même tout lieu de penser que, suite à leurs échanges, il a décidé de remettre à Sténon le manuscrit de la *Profession de foi du philosophe*, pour profiter de ses remarques. Sa déception à la lecture des annotations de l'envoyé pontifical n'en fut que plus grande[2]. Elle a certainement contribué

1. C'est le procédé suivi par Leibniz après une rencontre avec Malebranche : « En retournant chez moi, j'ai médité sur ce que nous avions dit de part et d'autre. Il est très vrai, comme vous avez bien reconnu, qu'on ne saurait faire assez de réflexion sur toutes les choses, pendant la chaleur de la conversation ; à moins que de s'assujettir à des lois rigoureuses, ce qui serait trop ennuyeux. Mais il est bien plus commode d'observer ces lois sur le papier » (lettre à Malebranche datée de 1676, A II, 1, 399).

2. Un certain agacement est perceptible dans les réponses que fait Leibniz à ces remarques ; voir p. 93, note b ; p. 126, note a ; p. 130, note b ; p. 144, note b ; p. 146, note b ; p. 157, notes a et b.

à forger le jugement dépréciatif dont se fera l'écho la *Théodicée* :

> [Sténon] était grand anatomiste, et fort versé dans la connaissance de la nature, mais il en abandonna malheureusement la recherche, et d'un grand physicien il devint un théologien médiocre [1].

La *Conversation* se compose de deux parties, dont la seconde reprend en partie des thèses avancées dans la première, tout en les précisant ou en les complétant [2]. Elle marque des changements théoriques importants par rapport aux textes précédents. Leibniz abandonne ainsi la conception – qui prévalait dans la *Profession de foi du philosophe* – de Dieu comme le premier terme de la série des choses, en plaçant la raison de cette série (et de ce qu'elle est ainsi et pas autrement) en dehors d'elle [3]. Il reprend désormais explicitement à son compte la distinction entre nécessité absolue et nécessité hypothétique. L'opposition entre la *raison* et l'*auteur* du péché disparaît et la permission ne signifie plus une forme de suspension de la volonté (« ni vouloir ni ne pas vouloir et cependant savoir » [4]), mais devient synonyme de volonté « par accident ».

La *Conversation* commence par l'énoncé du principe selon lequel *rien n'est sans raison*. Ce principe, déclare

---

1. *Théodicée* § 100, GP VI, 158. Tout en louant son « zèle animé d'une véritable charité », Leibniz écrit à son propos en mars 1677 (?) : « Je ne m'étonne pas qu'il [soit] dégoûté de la philosophie, parce qu'il n'a pas encore éprouvé la force des démonstrations métaphysiques » (A VI, 4-C, 2201).

2. Il en résulte une certaine discontinuité, qui a sans doute conduit G. Grua à considérer qu'il y avait en réalité deux textes distincts, qu'il édite pour cette raison séparément (Grua 268-273 et 273-276).

3. Voir dès 1676, A VI, 3, 283.

4. *Profession de foi du philosophe*, p. 111.

Leibniz, s'applique en dehors de la mécanique puisqu'il sert à prouver l'existence de Dieu. Son usage se vérifie également ailleurs : toute action et toute volonté requièrent en effet une raison et, dans le cas de la volonté, une différence dans les partis en jeu. Il faut en conclure que toutes les séries possibles de choses ne sont pas également parfaites. Et celle qui contredit la perfection de Dieu, bien qu'en soi possible, n'est pas réalisable – impossible, dira plus loin Leibniz, « selon une impossibilité hypothétique ». Sténon accuse son interlocuteur de poser un Dieu « mécanique » (p. 175) et affirme que, suivant le principe de raison, le monde devrait être éternel. Notre philosophe répond à ces deux objections et la conversation se poursuit en abordant la question du libre et du nécessaire, avec l'exemple du péché de Judas. Deux définitions sont posées : est nécessaire absolument ce qui ne peut être conçu autrement, est nécessaire hypothétiquement ce qui peut l'être. La série des choses existantes est donc nécessaire selon une nécessité seulement hypothétique. Est ensuite envisagée l'origine du péché : quoique l'homme en soit la cause immédiate, sa cause ultime réside dans les choses possibles telles qu'elles sont dans l'entendement divin. Dieu ne veut pas les péchés en eux-mêmes, mais « par accident », en tant qu'ils contribuent à la perfection de la série. Leibniz prouve enfin que la certitude des événements (et leur prévision par Dieu) ne rend pas vaines les prières.

Dans la seconde partie du texte (à partir de la p. 181), le principe de raison est énoncé de façon plus générale et plus complète. Il sert cette fois à rejeter la conception moliniste de la liberté – liberté que Leibniz définit pour sa part comme une « spontanéité rationnelle ». La nécessité absolue est ici identifiée à ce qui est par soi et a en soi sa raison d'être, la nécessité hypothétique à ce qui est par autre chose et tire sa raison d'exister d'autre chose [1]. L'exemple de Judas est de nouveau cité pour montrer que la nécessité de son péché (comme de tout événement) n'est qu'hypothétique. Cette espèce de nécessité est compatible avec la contingence, la liberté et la prescience. Leibniz réfute ensuite l'idée d'un concours partiel de Dieu aux actions des créatures : il faut plutôt dire qu'il les produit intégralement, y compris le péché (quant à sa matière). Dieu est ainsi « l'auteur du péché par accident » et même « veut le péché par accident, comme le musicien veut la dissonance » (p. 189). La *Conversation* se termine par l'affirmation suivante : la nécessité de choisir le meilleur ne supprime pas la liberté et Dieu ne saurait ni vouloir ni agir sans raison.

Vers la théodicée

La *Profession de foi du philosophe* représente une étape essentielle dans la réflexion leibnizienne sur le mal et la justice divine. Elle permet, par la distinction entre la *raison* et l'*auteur* (du péché), d'écarter le second « sophisme » que l'opuscule *De la toute-puissance et de l'omniscience de Dieu* n'avait pas permis de réfuter (et qui imputait ultimement le péché à Dieu). Cependant, malgré l'introduction des deux espèces de nécessité (*absolue* et *hypothétique*), elle reste encore imprégnée du nécessitarisme que la lettre à Wedderkopf exposait sans détours ni ménagements. Tout en considérant que le dialogue de 1673 conservait en lui-même une indéniable valeur théorique, Leibniz a éprouvé le besoin de réviser

---

1. À ce que l'on pourrait appeler la définition *logique* des deux nécessités (par la contradiction ou non de l'opposé) donnée dans la première partie, s'ajoute ici une définition *métaphysique* (par la possession en soi ou non de sa raison d'être).

certaines des positions théologiques et métaphysiques qui s'y trouvaient développées. La conversation avec Sténon en témoigne. Mais des changements conceptuels importants sont visibles dès 1676 et se produisent encore après 1677. Nous en retiendrons trois principaux.

1. Le premier concerne la théologie. La *Profession de foi du philosophe* présentait un Dieu guère différent à vrai dire de la nécessité ou du destin, et dont la volonté se réduisait au consentement passif à ce qui existe nécessairement[1]. Une certaine proximité avec le Dieu de Hobbes, voire avec le Dieu-Nature de Spinoza était manifeste. Il semble que Leibniz l'ait lui-même reconnue, comme en attestent les témoignages autobiographiques cités plus haut. En défendant résolument la conception d'un Dieu personnel, spirituel, doué d'un entendement et d'une volonté[2], notre philosophe entend dès 1676 marquer ses distances avec l'auteur de l'*Éthique*. Par là il résiste certainement aussi à l'orientation prise par sa *propre* doctrine théologique, ou, en tout cas, prévient une conclusion qui pourrait en être tirée. Dieu pense, veut et agit, affirme-t-il. Il n'est pas une puissance aveugle et nécessaire qui produit tout indifféremment, le bien comme le mal. Sa volonté est active par le choix positif qu'elle effectue de la meilleure série de choses. Elle est définie comme « pensée pratique, ou pensée accompagnée de l'effort d'agir » portant sur le bien et le mal[3]. Sa spécificité, par rapport à une

---

1. « *Vouloir* est se réjouir de l'existence de quelque chose. » (p. 110, 111).

2. Voir A VI, 3, 474-475 (texte daté du 11 février 1676).

3. Voir *Éléments de la vraie piété, ou de l'amour de Dieu sur toutes choses* (texte daté entre le début de l'année 1677 et le début de l'année 1678), A VI, 4-B, 1361.

simple pensée, imagination ou représentation, vient précisément de son lien à une disposition à l'action.

Parallèlement à cette redéfinition de la nature et du rôle de la volonté, Leibniz développe ce que nous avons appelé une conception « forte » du possible [1]. Celui-ci ne désigne plus seulement l'imaginable ou le concevable sans contradiction logique, mais constitue une véritable *chose* dont la réalité, indépendante de notre pensée, existe dans l'entendement de Dieu. Le possible est même doté à partir de 1679 d'une tendance ou prétention à l'existence (*pretensio ad existendum*), proportionnelle à la quantité d'essence ou au degré de perfection qu'il renferme. L'opposition entre les possibles incompatibles entre eux est alors comparée à un « combat » [2] idéal se tenant dans l'intelligence divine, et leur prétention respective bientôt identifiée à un *effort* [3].

Cet emploi commun du concept d'effort (*conatus*), pour décrire le processus en jeu dans la volonté comme dans l'entendement qui pense le possible, conduit à reconsidérer le rapport interne entre les facultés divines. La volonté n'est pas simplement, suivant le modèle intellectualiste classique, subordonnée à l'entendement. Les deux facultés apparaissent plutôt comme les expressions d'un même effort – lui-même fondé dans la puissance de Dieu –, dont suit la création de la combinaison de choses possibles la plus parfaite, c'est-à-dire le meilleur univers.

---

1. Voir notre livre p. 195-201 et p. 213-222.
2. [Dialogue entre Théophile et Polidore] (milieu 1679?), in *Dialogues sur la morale et la religion* suivis de *Mémoire pour des personnes éclairées et de bonne intention*, traduction, notes et introduction par Paul Rateau, Paris, Vrin, 2017, p. 94.
3. Voir *Remarques générales* (texte daté entre l'été 1683 et le début de l'année 1685?), A VI, 4-A, 557.

2. Le deuxième changement majeur a trait à l'explication du concours physique de Dieu au mal. L'exemple du mauvais musicien dans *De la toute-puissance et de l'omniscience de Dieu* comme celui du peintre du petit et du grand tableau dans *L'auteur du péché* illustraient la même critique, adressée à ceux qui prétendent faire de Dieu la cause physique entière du péché sans qu'il en soit la cause morale, c'est-à-dire sans qu'il en soit coupable. La conversation avec Sténon montrait cependant que la position adverse, qui consiste à défendre une contribution divine seulement partielle à l'acte mauvais n'était pas tenable (p. 187). La solution élaborée par Leibniz vise à maintenir un concours physique de Dieu intégral en même temps que la responsabilité du pécheur. Elle repose sur la notion d'« imperfection originale » des créatures. L'invention de cette notion intervient dans la première moitié de la décennie 1680 [1]. Cette imperfection est une limitation intrinsèque à la créature, qui la rend naturellement faillible. Elle n'est pas une simple négation ou un manque d'être, mais une résistance ou un frein à plus de réalité et de perfection. Cette résistance est rapprochée à la même époque de la tardivité ou inertie observée dans les corps [2]. Elle fait que l'homme n'est pas seulement coupable du péché parce qu'il y consent par sa volonté, c'est-à-dire *moralement*, mais encore parce qu'il en est l'auteur *physiquement* par la limite qu'il oppose à la perfection reçue de Dieu.

Le péché n'est pas un pur néant, qui ne requerrait aucun auteur. Il ne se réduit pas non plus à l'*anomie*, ou non-conformité à la loi. Il est une restriction et une altération,

1. Voir A VI, 4-A, 557 ; A VI, 4-C, 2577.
2. A VI, 4-B, 1521.

dues à la créature, de l'être qui vient de Dieu. Il est par conséquent imputable au pécheur *dans sa réalité physique même*. Leibniz réussit par ce moyen à sauvegarder la justice de Dieu, tout en réaffirmant son concours entier aux actions des hommes, y compris mauvaises. Il peut désormais assigner au péché deux causes distinctes, sans pour autant le diviser ni séparer en lui le physique du moral (au sens où l'entendaient les scolastiques) : Dieu, auteur de tout bien et de toute perfection, produit ce qu'il y a de réel et de positif dans l'acte, quand la créature est l'auteur du mal qui s'y trouve, par les bornes qu'elle introduit du fait de ses manques (son ignorance, son défaut d'attention, sa paresse, la faiblesse de sa volonté, etc.).

3. Une troisième évolution concerne la doctrine du concours moral de Dieu. Dans la *Profession de foi du philosophe*, la justification de Dieu passait par l'effacement du rôle de la volonté, en ramenant la permission du mal à un savoir sans vouloir. Dans la conversation avec Sténon, la permission revenait dans le champ de la volonté. Elle était en effet définie comme une volonté conditionnée ou « par accident », qui faisait de Dieu « l'auteur du péché par accident ». Une telle conclusion ne pouvait être jugée satisfaisante, dans la mesure où elle semblait peu compatible avec la justice divine. Leibniz est donc amené, à partir des années 1680-1684, à revoir son explication du concours moral de Dieu. Il abandonne l'idée d'une volonté positive, même conditionnée, du péché. La permission est plutôt une volonté de ne pas l'empêcher. Elle résulte à la fois de la prise en compte par Dieu de la nature limitée des créatures – nature qu'il ne peut de toute façon changer – et des exigences supérieures de l'harmonie universelle. La volonté divine tend à produire tout bien particulier et à écarter tout mal pris à part. Mais elle s'infléchit en

permission, une fois le péché considéré dans ses suites et avec le reste des choses, parce qu'il participe au meilleur des mondes possibles.

La permission du mal est l'effet dans ou à l'égard de la partie d'un choix qui a pour objet tout l'univers. Elle s'insère dans une volonté « plus générale et plus compréhensive »[1], qui porte sur l'ensemble du monde et non sur tel ou tel être ou sur tel ou tel acte envisagé séparément. Car Dieu n'ordonne pas les choses par parties ni « à bâtons rompus »[2], c'est-à-dire par des volontés détachées. Le décret par lequel il crée l'univers est global et unique. Le mal ne relève donc pas d'une volonté expresse et particulière, mais de cette volonté générale qui, eu égard au péché, n'est que permissive. La justice divine est ainsi préservée. La raison ultime de la permission n'est pas pour autant donnée, et ne peut l'être, car elle se ramène à « un détail qui enveloppe des considérations infinies »[3], que seul Dieu peut embrasser. Autour de 1705, l'explication est complétée par l'introduction de la distinction – d'origine scolastique – entre la volonté *antécédente* de Dieu et sa volonté *conséquente*, la permission devant être comprise comme le résultat du passage de la première à la seconde.

Cette triple évolution intervenue après la *Profession de foi du philosophe*, sur les plans théologique et métaphysique, conduit à la mise en place progressive d'une conception originale du mal, de son origine et du concours physique et moral de Dieu au péché. C'est dans ce cadre théorique renouvelé que Leibniz nourrit, vraisemblablement entre les années 1695 et 1697, un vaste projet placé sous

1. Lettre de Leibniz au Landgrave Ernst von Hessen-Rheinfels (12 avril 1686), A II, 2, 18.
2. Lettre de Leibniz à Pierre Coste (19 décembre 1707), GP III, 400.
3. *Discours de métaphysique*, art. 30, A VI, 4-B, 1577.

l'égide de la théologie et de la jurisprudence, auquel il donne un nom promis à la fortune que l'on sait : *Théodicée*[1]. Le projet est à l'état de programme, son objet et ses contours ne sont pas encore entièrement fixés. Pourtant, il ne s'agit pas là de l'un de ces nombreux plans annoncés ou esquisses préparatoires d'ouvrages conçus par notre philosophe mais jamais réalisés. Parvenu peut-être à une certaine maturité, le dessein se précise. Signe de cette vocation que nous évoquions plus haut ? Il aboutira, non sans délai, modification et détour il est vrai, à la publication en 1710 du seul *livre* de philosophie, à proprement parler, paru du vivant de l'auteur, l'un des plus grands textes que la modernité nous ait légués : les *Essais de théodicée. Sur la bonté de Dieu, la liberté de l'homme et l'origine du mal*. Une œuvre singulière, originale par rapport aux textes écrits par le jeune Leibniz, mais dont la genèse ne peut se comprendre sans eux, ces témoins d'une pensée insatisfaite et pourtant infatigable dans sa quête de raison.

---

1. Le terme est mis au pluriel (« mes Théodicées ») dans la lettre de Leibniz à Étienne Chauvin du 29 mai 1696 (A I, 12, 625). Il figure au singulier dans un fragment en latin vraisemblablement contemporain, édité par G. Grua : « THEODICEE ou Démonstrations catholiques en faveur de la justice divine [...] » (Grua 370).

NOTE SUR LA PRÉSENTE ÉDITION

Pour la traduction des textes publiés ici, je me suis appuyé sur l'édition dite « académique » des œuvres de Leibniz (*Sämtliche Schriften und Briefe, Akademie Verlag*), avec l'aimable autorisation de Stephan Meier-Oeser (responsable de l'édition à la *Leibniz-Forschungsstelle*, Münster), que je tiens ici à remercier.

L'édition et la traduction de l'opuscule « Von der Allmacht und Allwissenheit Gottes und der Freiheit des Menschen » ont été réalisées en collaboration avec Fanny Platelle. Je suis reconnaissant à Stefan Lorenz pour l'aide qu'il nous a apportée dans ce travail. Ses avis et ses conseils ont été d'un grand secours. Je n'oublie pas non plus mon collègue Philippe Büttgen, qui a permis de débrouiller certaines difficultés posées par la langue allemande de l'époque. Je remercie enfin François Duchesneau pour sa relecture de l'ensemble du volume et pour ses encouragements.

LEIBNIZ

[DE LA TOUTE-PUISSANCE ET DE
L'OMNISCIENCE DE DIEU ET DE LA LIBERTÉ
DE L'HOMME] (1670-1671 ?)

LETTRE DE LEIBNIZ À MAGNUS
WEDDERKOPF (1671)

LA PROFESSION DE FOI DU PHILOSOPHE
(1672-1673 ?)

[L'AUTEUR DU PÉCHÉ] (1673 ?)

CONVERSATION AVEC MONSEIGNEUR
L'ÉVÊQUE STÉNON SUR LA LIBERTÉ (1677)

[DE LA TOUTE-PUISSANCE
ET DE L'OMNISCIENCE DE DIEU
ET DE LA LIBERTÉ DE L'HOMME]
(1670-1671 ?)[1]

(§ 1) Parmi toutes les questions qui embarrassent le genre humain, aucune n'a été examinée avec plus d'ardeur, reprise plus souvent, discutée avec plus de dangers et de férocité que cette controverse : *comment concilier le libre-arbitre de l'homme, châtiment et récompense, avec la toute-puissance et l'omniscience de Dieu qui gouverne toutes choses ?*

(§ 2) En effet, bien que cette première question : « comment, malgré le malheur présent des justes et le bonheur des méchants, peut-il exister une prédestination divine (*Versehung*) ? » puisse se poser chez tous les peuples et dans toutes les confessions, elle a pourtant eu moins d'effets publics, mais certes davantage dans les âmes, puisque les ennemis de la prédestination divine n'ont guère le droit de se montrer.

(§ 3) Mais une fois que l'on a bien considéré cette question et que l'on s'est donc accordé sur l'idée qu'une telle distribution en apparence injuste des dons et biens terrestres en cette vie ne supprime pas le Souverain très sage, mais que toute cette discordance se résoudra dans une autre vie en une harmonie bien plus parfaite, comme

1. A VI, 1, 537-546.

selon des règles musicales par l'action compensatrice du
châtiment et de la récompense convenables, on en arrive
à cette autre question : comment donc ces châtiments et
récompenses peuvent-ils être conformes à l'équité et
exempts de partialité, quand le Souverain très sage du
monde fait par la distribution étrange de ses biens que le
châtiment de l'un, la récompense de l'autre ou, comme
disent les chrétiens, la béatitude et la damnation ne peuvent
que s'ensuivre ?

(§ 4) C'est sur cette question que les hommes se sont
principalement divisés : aucune comète, aucun tremble-
ment de terre, aucun fléau n'a causé plus de dégâts : ici,
la paresse [1] a trouvé un refuge, la méchanceté un prétexte
et Dieu lui-même a dû servir de couverture aux deux. Les
païens ont toutefois fait preuve d'une certaine modération,
en cantonnant cette question autant que possible dans les
écoles et les lieux de réunion philosophiques. Et les Turcs
en ont tiré profit en utilisant la chaîne imaginaire d'une
nécessité inévitable pour susciter en leurs soldats une
témérité aveugle. Nous seuls, chrétiens, n'avons pu ni
contenir ce torrent, ni, lorsqu'il a déferlé, en tirer parti,
mais, selon notre mauvaise habitude d'exposer en chaire
toutes les questions d'école et d'en instruire nécessairement
le peuple, nous avons suscité de si nombreuses sectes que
rarement division s'est produite entre nous qui ne soit liée
à la question de la prédestination et de l'élection.

(§ 5) Ont particulièrement retenu l'attention : les deux
principes des manichéens [2], le mélange du Rien et du

---

1. Voir *infra* le sophisme paresseux (§ 13).
2. Mani ou Manès (vers 216 – 277) défendait l'existence de deux
principes antagonistes, l'un du Bien, l'autre du Mal. Une part importante
de l'œuvre d'Augustin est consacrée à la réfutation de cette doctrine
dualiste qui revenait à faire du mal une substance.

 Quelque chose, de l'ombre et de la lumière des platoniciens chrétiens, [mélange] qu'ils ont illustré par l'intersection du rayonnement l'un dans l'autre de deux triangles opposés[1], la miséricorde [qui sera exercée], selon Origène[2], à l'égard des démons

1. L'origine de cette image se trouve dans Nicolas de Cues (1401-1464). Au chapitre 9 de la première partie des *Conjectures*, ce dernier, influencé par Platon et les néoplatoniciens, explique l'univers par l'interpénétration de l'*unité* et de l'*altérité*, qu'il représente sous la forme de deux pyramides, celle de lumière et celle de ténèbre, insérées l'une dans l'autre (voir la figure P, au § 41 de l'ouvrage). Dieu, unité pure, est comme la base de la pyramide de lumière, alors que le néant est comme la base de la pyramide de ténèbre. Entre ces deux limites se déploient trois mondes ou cieux : le monde inférieur ou premier ciel, lieu du sensible et des corps, où l'altérité l'emporte, le monde intermédiaire ou deuxième ciel, où unité et altérité sont équivalentes, le monde supérieur ou troisième ciel, où l'unité domine (voir § 42, § 45-48). Cependant, Leibniz ne semble pas avoir repris l'image directement du Cusain, mais, comme l'a montré Stephan Meier-Oeser (voir *Die Präsenz des Vergessenen. Zur Rezeption der Philosophie des Nicolaus Cusanus vom 15. bis zum 18. Jahrhundert*, Münster, Aschendorff Verlag, 1989, p. 169-171), de Valentin Weigel (*Der güldene Griff*, Halle-sur-Saale, 1613, p. [29]), de Robert Fludd (*Utriusque cosmi maioris scilicet et minoris metaphysica, physica atqve technica historia*, Oppenheim, 1617, tome premier, traité I, livre 3, chapitre 3, p. 89) ou encore de Athanase Kircher (*Musurgia universalis sive Ars magna consoni et dissoni*, Rome, 1650, tome II, livre X, p. 450). La figure que ce dernier reproduit dans son ouvrage est celle qui ressemble le plus au dessin tracé par Leibniz en marge du texte.

2. Origène (vers 184 – vers 253) soutient la thèse de l'*Apocatastase*, ou restauration finale de toutes choses à leur condition originelle bonne, y compris des démons et des damnés, une fois purgées les peines qu'ils méritent pour leurs péchés (voir *Traité des principes*, I, 6, 1-3). Selon ce Père de l'Église, la soumission de toutes choses au Fils et du Fils au Père – « afin que Dieu soit tout en tous », selon la parole de Paul dans I Corinthiens, 15, 28 – signifie « la restauration parfaite de toute la création » et « le salut [par le Christ] de ceux qui sont soumis et le

et des damnés, l'orgueil des pélagiens, la ruse des semi-
pélagiens, l'insoumission des massiliens [1], les subterfuges
des scolastiques, et enfin les dernières inventions qui font
tant de bruit dans le monde et ne sont que trop connues,
parmi lesquelles bien sûr : le destin, la prédestination, le
libre et le serf arbitre [2], la nécessité, la grâce résistible ou

rétablissement de ceux qui sont perdus » (*Traité des principes*, III, 5,
7, trad. de H. Crouzel et M. Simonetti, Paris, Cerf, 1980, t. III, p. 233).
« Si donc la fin restituée selon la condition initiale et la consommation
des choses rapportée à leur début restaureront l'état qu'avait alors la
nature raisonnable, [...] celui-là seul qui est l'unique Dieu bon lui
deviendra tout et il sera tout, non seulement en quelques-uns, ni en
beaucoup, mais en tous, quand il n'y aura plus de mort, plus d'aiguillon
de la mort, et absolument plus de mal : alors Dieu sera vraiment tout en
tous. » (*ibid.*, III, 6, 3, trad. p. 241 ; voir aussi III, 6, 5). Sans se déclarer
partisan d'Origène, Leibniz avouera s'en sentir plus proche que d'autres
auteurs (voir Grua 140 ; GP III, 310) et l'évoquera notamment dans la
Théodicée § 17, § 18 et § 272.

1. Sans nier la grâce, Pélage (vers 350 – vers 420) en atténue
le rôle, puisqu'il affirme que l'homme peut vivre sans péché et
mériter le salut par l'exercice de son libre arbitre. Il rejette le péché
originel et préconise de réserver le baptême aux adultes. Sa doctrine
a été combattue par Augustin et condamnée par plusieurs conciles
(notamment celui de Carthage en 418). Le « semi-pélagianisme » s'est
notamment développé à Marseille (d'où le nom de *Massiliens*). Il a
été défendu par Jean Cassien (vers 360 – 435), Vincent de Lérins (mort
vers 445) ou encore Fauste de Riez (né entre 400 et 410, mort vers 493).
Cette doctrine apparaît comme une position intermédiaire entre le
pélagianisme et l'augustinisme. Pour ses partisans, le commencement
de la foi trouve son origine dans la volonté libre de l'homme (qui, s'il
ne croit pas encore, désire son salut et demande le moyen de l'obtenir),
mais la fortification et l'augmentation de la foi dépendent de la grâce,
don de Dieu. La grâce est donc indispensable et tout mérite strictement
naturel est exclu (contre Pélage). La doctrine semi-pélagienne a été
condamnée au concile d'Orange en 529.

2. Allusion à la controverse entre Erasme (*Diatribe : Du libre
arbitre*, 1524) et Luther (*Du serf arbitre*, 1525). Le jeune Leibniz a,
semble-t-il, été particulièrement marqué par la lecture de ces deux
livres (voir *Théodicée*, préface, GP VI, 43 ; notre introduction p. 14 *sq.*).

irrésistible, prévenante ou subséquente [1], les secours de la grâce, la science moyenne [2], le concours de Dieu avec les créatures, les décrets éternels, la volonté antécédente et conséquente, absolue et hypothétique, les supralapsaires et infralapsaires [3], et bien d'autres noms encore, qui ont tout embrouillé, sous la bannière desquels les combats se sont engagés.

(§ 6) Je dis une fois encore que de tels noms ont tout embrouillé; que leur mauvais usage et les innombrables changements de sens qu'ils ont subis ont conduit la

1. « La *grâce* en général est le concours extraordinaire de Dieu à l'œuvre bonne. La *grâce efficace* est ce qui, une fois qu'elle est posée absolument, fait que l'œuvre est posée. La *grâce suffisante* est ce qui, une fois qu'elle est posée, fait que l'œuvre n'est pas aussitôt posée, à moins que ne soit supposée la volonté de l'homme. » (texte vraisemblablement écrit entre 1669 et 1671, A VI, 1, 536). Sur la distinction entre grâce *prévenante* et grâce *subséquente*, voir Thomas d'Aquin, *Somme Théologique*, Ia IIae, q. 111, a. 3 co. : « Or la grâce produit en nous cinq effets : le premier est de guérir l'âme ; le deuxième est de faire qu'elle veuille le bien ; le troisième de faire qu'elle accomplisse efficacement le bien qu'elle veut ; le quatrième de faire qu'elle persévère dans le bien ; le cinquième de faire qu'elle parvienne à la gloire. C'est pourquoi la grâce, en tant qu'elle cause en nous le premier effet, est appelée prévenante au regard du deuxième effet ; et dans la mesure où elle cause en nous le deuxième effet, elle est appelée subséquente au regard du premier effet. Et comme un effet est antérieur à l'un et postérieur à l'autre, la grâce peut être dite et prévenante et subséquente au regard du même effet, par rapport aux autres ».

2. Voir *infra*, p. 73-75.

3. Parmi les théologiens calvinistes, *supralapsaires* et *infralapsaires* s'opposent quant à l'ordre des décrets divins concernant la chute (*lapsus*), l'élection et la réprobation de l'homme. Selon les premiers, le décret de sauver les uns et de rejeter les autres a précédé logiquement le décret de permettre le péché d'Adam. Selon les seconds, le décret de sauver les uns et de punir les autres vient logiquement après le décret de permettre la chute et la corruption du genre humain (voir le résumé que Leibniz fait de ces deux positions au § 82 de la *Théodicée*).

chrétienté dans un labyrinthe sans fin ; que personne n'est d'accord sur la définition de ces mots, ce qu'on ne peut constater sans honte ni pitié ; qu'ainsi personne ne comprend l'autre ou ne veut le comprendre ; que donc est vrai ici aussi ce qui l'est partout, à savoir qu'on doit imputer toute l'obscurité des sciences à des noms inventés ou employés à leur façon par les philosophes, [noms] qu'ils appellent termes. Le seul moyen d'en sortir est donc d'éviter de recourir à de tels mots qui ne font que ranimer la dispute, aigrir les âmes, rappeler les vieilles querelles, donner lieu à d'innombrables distinctions confuses et incompréhensibles ; d'employer les expressions les plus simples, les plus courantes, les plus claires qui soient, celles qu'utiliserait le paysan le plus pauvre qui devrait donner son opinion sur la question ; et d'essayer de voir s'il ne serait pas possible de dire de cette manière ce qui suffirait à expliquer la chose et que pourtant personne ne pourrait contredire. La langue allemande [1] est celle qui s'y prête

1. Selon Leibniz, la philosophie scolastique – qui emploie le latin – est solidement établie en Allemagne, parce que la philosophie n'y a été que peu et tardivement pratiquée en langue vernaculaire. Or il n'est pas en Europe de langue plus capable de juger de la valeur des propositions philosophiques que l'allemand, car « la langue allemande est, dans le domaine des choses concrètes (*in realibus*), la plus riche et la plus parfaite, à rendre jalouses toutes les autres, puisque les arts appliqués (*artes reales*) et mécaniques n'ont été cultivés depuis de nombreux siècles par aucun autre peuple avec plus de soin, au point que les Turcs eux-mêmes, dans les mines de la Grèce et de l'Asie mineure, se servent de termes allemands pour désigner les métaux. À l'inverse, la langue allemande est sans conteste très impropre à exprimer les fictions imaginaires, de loin assurément plus impropre que ne le sont la française, l'italienne et les autres langues qui descendent du latin ; car dans ces langues filles du latin, un mot en latin barbare légèrement modifié devient aussitôt un mot français ou italien non barbare, et par suite de nombreux termes de la philosophie scolastique sont considérés cependant comme étant passés en français d'une manière ou d'une

le mieux, elle qui possède une abondance de noms utiles, relatifs à la vie courante et signifiant des choses visibles ou intelligibles, mais qu'il faut, pour exprimer les chimères prétendument philosophiques, contraindre et pour ainsi dire violenter. En revanche, la langue latine a perdu il y a longtemps sa virginité et ses filles, l'italienne et la française, n'ont été que trop enclines à adopter les vices de leur mère. Si cela réussissait et convenait à des personnes sages (*verständig*) et équitables, on pourrait peut-être, si Dieu le veut, appliquer le même procédé à d'autres sujets.

(§ 7) Il y a deux principaux sophismes ou conclusions fallacieuses de la raison en la matière, l'un favorable aux pécheurs, l'autre [dirigé] contre Dieu ; l'un opposé à la pénitence et à l'abstention des péchés futurs, l'autre opposé au châtiment des péchés passés ; l'un tiré de la prescience (*Vorsehung*), l'autre de la prédestination (*Versehung*), l'un [découlant] de la science et de la suprême sagesse, l'autre

autre ; mais en Allemagne, personne n'a tenté jusqu'à maintenant quelque chose de pareil, sans être accueilli sous les huées de tous » (*Dissertation préliminaire* [aux IV livres de Nizolius], 1670, A VI, 2, 414). Ainsi l'allemand, par sa résistance naturelle à l'importation du vocabulaire des scolastiques, présente un double avantage par rapport aux langues latines : elle n'est pas contaminée, comme ces dernières, par cette philosophie « barbare » et lui sert en quelque sorte d'antidote. Voir aussi la lettre à Étienne Chauvin du 29 mai 1696 : « [...] autant qu'on trouve de facilité à exprimer en allemand ce qui regarde les arts et les sciences solides, autant y a-t-on de la peine pendant qu'on la laisse dans sa pureté à débiter les chimères des scolastiques. Ainsi la langue allemande est une pierre de touche des vérités philosophiques ; et tout ce qu'on ne saurait dire aisément et intelligiblement en cette langue peut être compté sûrement parmi les jeux de mots vides de sens » (A I, 12, 627 ; la même idée est défendue in A IV, 6, 534-535, § 9-11). C'est pourquoi Leibniz encouragera ses compatriotes à cultiver l'allemand et à pratiquer les arts et les sciences dans cette langue (voir par exemple, en 1679 : A IV, 3, 797-820 ; 873-883 ; en 1697 : Guhrauer, *Deutsche Schriften*, Berlin, 1838, vol. I, 449-486).

de la volonté et de la toute-puissance de Dieu. Le premier [sophisme] est le suivant : Dieu prévoit tous les événements futurs ; il voit donc que je serai bienheureux ou damné ; l'un des deux doit (*muss*) être vrai et donc prévu par lui. S'il le prévoit, alors il ne peut pas en être autrement, cela doit (*muss*) arriver. Si cela doit arriver, alors cela arrivera, quoi que je fasse.

(§ 8) Tout cela peut être accordé, excepté la mention finale : *quoi que je fasse*. Il faut plutôt dire : si ta damnation est certaine, ton péché et ton impénitence qui la précèdent le seront aussi. Mais, pour éviter toute confusion, nous allons mettre cela sous forme logique :

> Ce que Dieu prévoit doit arriver,
> ou ne peut pas ne pas arriver.
> Dieu prévoit que je serai damné (bienheureux).
> Donc ma damnation (béatitude) doit arriver,
> ou ne peut pas ne pas arriver.

En outre :

> Ce qui doit arriver ou ne peut pas ne pas arriver,
> est inévitable, ou arrivera quoi que l'on fasse.
> Ma damnation (béatitude) doit arriver,
> ou ne peut pas ne pas arriver.
> Donc ma damnation (béatitude) est inévitable,
> ou arrivera quoi que l'on fasse.

(§ 9) Ce sophisme repose sur l'ambiguïté, répandue dans toutes les nations et les langues, de ces mots tout à fait courants et en apparence parfaitement clairs : *devoir* (*müssen*) ou *ne pas pouvoir être autrement* et autres de même sens, c'est pourquoi cette équivoque n'embarrassera pas facilement un homme sage (*verständig*), mais troublera sans doute un homme simple. En effet, que signifie : *Cela doit* (*muss*) *être ?* Explique-moi les mots de ta conclusion et je répondrai. Cela signifie : ce n'est pas possible autrement ou ne peut pas être autrement. Que signifie alors *possibilité* ou que signifie : *pouvoir être ?* Qu'entendons-nous, [nous autres] hommes, par ces mots ? Ils doivent bien signifier quelque chose. Je suis incapable de le dire, me répondra-t-on, comme [de dire] ce que signifie chaud ou froid. Mais, excuse-moi, cher ami, il y a une différence. Le fait que le feu chauffe, tu le sens, et tu ne saurais et ne peux le démontrer autrement qu'en amenant quelqu'un à le sentir aussi. Mais si tu veux démontrer qu'une chose, qui pourtant n'est pas ni n'a été, peut être ou ne peut pas être, alors tu ne te sers pas de ta faculté de sentir mais de différentes raisons (*Vernunfft-gründe*). Si la *possibilité*, ou le *pouvoir être*, est quelque chose qui doit être démontré par des raisons, alors c'est aussi quelque chose qui doit être défini. Car toute démonstration qui n'est pas obtenue par une sensation ou une expérience, mais qui est apportée au moyen de raisons même à celui qui n'a pas eu cette expérience, requiert une définition (*Erclärung*)[1] soit de ce que l'on veut démontrer, soit du moyen par lequel on veut le démontrer, soit des deux. Or on peut démontrer la possibilité d'une chose qui ne nécessite pas de définition, par exemple du nombre *trois*. Dans ce cas, c'est donc la possibilité elle-même qui doit être définie et doit donc pouvoir être définie en elle-même.

(§ 10) Il est presque aussi étrange de demander : « qu'est-ce que la possibilité ? » que : « qu'est-ce que la vérité ? » Et pourtant, si l'on interroge les scolastiques au sujet de la *radix possibilitatis*, comme ils l'appellent, c'est-à-dire de la racine et la nature interne de la possibilité,

---

1. « Une *définition* n'est rien d'autre que l'explication exacte (*accurata*) d'un nom. » (A VI, 2, 454). Voir aussi A VI, 2, 479.

on entendra des choses si étranges et si confuses, que l'on remerciera Dieu lorsqu'ils se tairont.

Mais pour l'amour de Dieu, à quels moyens les hommes recourent-ils donc pour démontrer que quelque chose est possible ou ne l'est pas! Si l'on prête attention à leurs gestes ou plus exactement à leurs paroles et leurs pensées, on s'apercevra qu'ils citent de temps en temps un exemple passé ou présent, et alors l'affaire est réglée. Car ce qui est arrivé, peut arriver. Mais parfois, à défaut d'exemples comparables, ils se servent d'un autre tour : ils avancent des exemples qui paraissent aussi peu ou encore moins possibles, et qui pourtant ont été vrais et donc également possibles. Ils se servent donc de l'impossibilité pour démontrer la possibilité. Comme ils se contentent parfois de dire : « Cela reste possible jusqu'à ce que quelqu'un vienne en démontrer l'impossibilité ». Comment démontre-t-on alors l'impossibilité? Prête attention aux pensées et aux discours des hommes, et tu le découvriras. Ils s'efforcent en effet de définir la chose dont on doute de la possibilité; si on peut la définir tout à fait clairement et l'imaginer dans tout son détail, alors on la considère comme possible; si on aboutit à quelque chose de confus et de contradictoire en soi, alors on la considère comme impossible; si on aboutit à quelque chose qui laisse perplexe et dont on n'a pas encore la définition toute prête, alors on laisse la question en suspens et l'on croit ou non en sa possibilité selon la personne qui l'a affirmée. Est donc *possible* ce que l'on peut définir clairement, sans confusion ni contradiction interne[1].

---

1. « [...] *possible*, c'est-à-dire clairement et distinctement intelligible » (*De la Démonstration de la possibilité des mystères de l'Eucharistie*, automne 1671?, A VI, 1, 515). Leibniz pose aussi que :

(§ 11) Nous allons à présent introduire cette définition de la possibilité dans notre raisonnement mis en forme. La première proposition est donc : *Ce que Dieu prévoit doit (muss) arriver, ou il n'est pas possible que cela n'arrive pas*. Si nous remplaçons maintenant la possibilité par sa définition, cela donne alors : *Ce que Dieu prévoit, je ne peux m'imaginer que cela n'arrive pas*, c'est-à-dire : je ne me l'imagine pas, même si je [le] veux. Mais [formulée] ainsi, la proposition est fausse. Si je veux, je m'imagine qu'un autre et non pas moi est damné ou bienheureux ; je peux même m'imaginer si je veux qu'il n'y a ni ciel ni enfer, ce qui est tout à fait possible puisque Dieu peut les supprimer s'il [le] veut. Ainsi, bien qu'il soit vrai que : *Ce que Dieu prévoit arrivera*, il ne faut cependant pas admettre que : *Ce que Dieu prévoit doit (muss) arriver*. Car dire : *Dieu le prévoit* équivaut à [dire] : *Dieu pense que cela arrivera*, et parce que ses pensées sont vraies, alors cela arrivera. *Ce que Dieu prévoit arrivera* équivaut donc à : *Ce dont Dieu pense que cela arrivera arrivera*. Ou, puisque Dieu est vérace, [à] : *Ce qui arrivera, arrivera*, aussi bien que : *Ce qui est arrivé est arrivé*. Par conséquent, il n'est pas nécessaire d'introduire Dieu dans ce raisonnement. On aurait donc pu conclure directement : *Ce qui arrivera arrivera nécessairement, ou doit (muss) arriver*. Tout comme : *Ce qui est arrivé doit véritablement être arrivé*. Si tu dis : « Cela n'est-il pas vrai ? » Non, à moins d'entendre par là ce que les hommes, par souci de concision et pour éviter des répétitions, ont coutume d'omettre, [omission] qui est la véritable cause de l'existence de ce sophisme,

« tout ce qui est perçu clairement et distinctement est possible » (seconde moitié de l'année 1671 ?, A VI, 2, 306) ; « Est possible ce qui n'implique pas contradiction » (vraisemblablement en 1678, A VI, 2, 495).

de cette équivoque, dans toutes les langues, puisque, dans toutes les langues, les hommes sont hostiles aux répétitions. Car si je dis : *Ce qui arrivera doit véritablement arriver*, c'est comme si je disais : *Ce qui arrivera, parce que cela arrivera, ou si cela va arriver, doit* (muss) *arriver ;* ou, si l'on remplace le mot *doit* par sa définition, tout le raisonnement devient alors : *On ne peut pas s'imaginer que ce qui arrivera* (ou est prévu par Dieu), *si cela va arriver* (ou est prévu par Dieu), *n'arrivera pas.*

Or ma damnation (béatitude) se produira (est prévue par Dieu).

Donc on ne peut s'imaginer que ma damnation (béatitude), si elle va se produire (est prévue par Dieu), *ne se produira pas.*

Ainsi, la première proposition devient vraie et tout le raisonnement est vain.

Spectatum admissi risum teneatis amici [1], en français : riez donc tous autant que vous le pouvez, un sophisme aussi hardi, qui veut chasser du monde Dieu ou l'homme, c'est-à-dire soit la Providence soit le libre arbitre, n'aboutit-il donc à rien d'autre ? Les scolastiques ont coutume de distinguer très nettement entre nécessité absolue et hypothétique [2], mais il faut espérer que le fondement [du

---

1. « À la vue d'une telle chose, pourriez-vous, mes amis, vous retenir de rire ? », Horace, *Art poétique*, 5.

2. La distinction scolastique entre la nécessité *absolue* et la nécessité *par supposition* ou *hypothèse* est tirée d'Aristote (voir *Métaphysique*, V, 5 ; *Physique*, II, 9, 199b 34-200a 15). Pour Thomas d'Aquin, par exemple, est nécessaire *absolument* ce qui suit de la nature intrinsèque de la chose considérée et qui, par conséquent, ne peut être autrement (comme pour Dieu d'être bon, ou pour l'homme d'être mortel). Est nécessaire *par supposition* ou relativement (*secundum quid*) ce qui n'est pas en vertu de la nature même de la chose considérée,

sophisme] a été examiné ici plus précisément et que la cause d'une erreur si universelle a été découverte.

(§ 12) Mais, si l'on veut définir autrement la *possibilité*, dans la mesure où on l'entend davantage par rapport aux hommes que par rapport aux choses, [et dire] que *doit* (*müsse*) être ce qui ne peut pas ne pas être et qu'est possible, ou que l'on peut faire, ce qui arrive si l'on veut, le raisonnement devient alors :

Ce qui arrivera (est prévu par Dieu), cela (doit (*muss*) arriver, ou) ne peut pas ne pas arriver, même si Dieu voulait que cela n'arrivât pas.

Or ma damnation etc.

Donc etc.

Ainsi, la première proposition est de toute évidence fausse, même si l'on voulait la redoubler ou l'entendre réduplicativement [1], comme suit : ce qui arrivera ne peut pas ne pas arriver, même si Dieu voulait que, tout en arrivant, cela n'arrivât pas (bien que Dieu ne puisse le vouloir parce que c'est absurde). Ainsi, la première proposition reste vraie, mais la conclusion est de nouveau vaine.

---

mais en vertu d'une condition qui lui est extérieure (cause efficiente ou cause finale), ainsi telle ou telle action accomplie par Socrate. Voir notamment *Commentaire des Sentences*, liv. III, d. 20, q. 1, a. 1, qc. 3, co. ; *Commentaire de la Métaphysique*, liv. V, lect. 6, n. 6 à n. 8; *Somme théologique*, Ia, q. 19, a. 3, co.

1. Le terme *reduplicativè* est emprunté au vocabulaire scolastique. Le *Dictionnaire de Trévoux* indique qu'« une chose prise réduplicativement est une chose prise comme telle. Un cercle pris réduplicativement est un cercle considéré en tant que cercle, le cercle considéré comme cercle » (article « Réduplication », volume 7, p. 215, édition de 1771).

(§ 13) Ils doivent donc être bien naïfs, ceux qui se sont laissé abuser par de telles conclusions et convaincre de laisser les champs non cultivés, les arbres non plantés, le travail non fait, parce que, sans leur intervention, ce qui devait (*soll*) s'ensuivre arriverait de toute façon. Ô fou, si tu as été prédestiné à la pauvreté, alors tu l'as été aussi à la négligence [qui l'a causée], et c'est justement ce λόγος ἀργὸς, cet argument paresseux [1] (comme le nomment les maîtres d'abaque [2]) qui a contribué à ta misère, exactement comme cet astrologue s'est attiré le malheur par sa propre prudence et [sa] prévision, lui qui, ayant prophétisé qu'il mourrait à cause d'un cheval, n'est pas sorti dans la rue afin d'échapper à son sort, mais a claqué si violemment la porte de sa maison qu'un cheval d'airain [3] est tombé et l'a blessé mortellement à la tête. Si Dieu a prévu la fin, alors

1. Cicéron illustre l'argument paresseux par l'exemple suivant : « Si ton destin est de guérir de cette maladie, tu guériras, que tu aies appelé ou non le médecin ; de même, si ton destin est de n'en pas guérir, tu ne guériras pas, que tu aies appelé ou non le médecin ; or le destin est l'un ou l'autre, il ne convient donc pas d'appeler le médecin ». Et Cicéron de commenter : « Ce genre de raisonnement est justement nommé paresseux ou inerte, puisque, avec le même raisonnement, on supprime toute activité dans la vie » (*Du Destin*, XII-XIII, 28-29 ; trad. É. Bréhier, *Les Stoïciens*, Paris, Gallimard, 1962, t. I, p. 484). Le sophisme consiste à détacher l'effet de sa ou de ses causes, en s'imaginant qu'il se produira quoi qu'on fasse, parce qu'il est nécessaire. Leibniz ne cessera de dénoncer cette erreur (voir A VI, 2, 153 et *infra*, p. 115), qu'il verra à l'origine du *Fatum mahometanum* ou « destin à la turque » (*Théodicée*, préface, GP VI, 30 et § 55).

2. Le *Rechenmeister* (« maître d'abaque ») enseignait le calcul et les mathématiques élémentaires aux enfants qui se destinaient au métier de marchand. Il était souvent lui-même l'auteur de « traités d'abaque », manuels pratiques d'apprentissage, dans lesquels étaient exposés des problèmes concrets de mathématiques accompagnés de leurs solutions.

3. On peut supposer qu'il s'agit là d'une enseigne. L'origine de l'anecdote n'a pas été identifiée.

il a aussi prévu les moyens, s'il sait que je serai bienheureux, alors il sait aussi que je vis dans la crainte de Dieu. S'il a été prévu que je sois damné, alors il a aussi été prévu que je pèche. Dois-je (*muss*) donc pécher? Non, tu pèches et pécheras, mais tu ne dois pas pécher. Il dépend de toi que tu ne sois prédestiné à aucun péché. Comment cela? Je vais [te] le démontrer : écoute attentivement. Dépend de toi ce qui relève de ta volonté. Donc si tu ne veux pas pécher, alors tu ne pécheras pas, car le péché réside uniquement dans la volonté; celui qui est endormi ou ivre ne pèche pas s'il n'en a pas la volonté. Si tu ne pèches pas, alors tu ne seras pas non plus prédestiné au péché. La raison (*Erclärung*) qui fait que tu es prédestiné ou non au péché dépend donc de toi[1]. Tu n'as donc le droit d'accuser ni la prédestination, ni Dieu, mais toi-même, ta volonté.

(§ 13.1) Mais arrive maintenant le coup ultime et le plus rude. Car si tu dis : « Pourquoi Dieu ne m'a-t-il pas créé meilleur, pourquoi ne m'a-t-il pas donné une complexion plus tempérée, une autre volonté, une raison plus éclairée, une éducation plus heureuse, des circonstances plus favorables, des parents plus raisonnables, des maîtres plus appliqués, en un mot une grâce plus grande? Faute de quoi je dois (*muss*) être pécheur, [je] dois être damné, [je] dois être désespéré, [je] dois pour l'éternité être maudit et maudire. » Ici, je ne suis pas tenu de te répondre : il suffit que tu n'aies pas voulu t'abstenir du péché ni faire ce qu'il faut pour ta béatitude. La mauvaise volonté, quelle que soit sa cause, mérite son châtiment. Autrement, aucune mauvaise action ne devrait être punie; il y a toujours une cause de la volonté en dehors de celui qui veut, et pourtant

---

1. Comparer à la *Profession de foi du philosophe*, p. 117.

c'est la volonté qui fait de nous des hommes et des personnes, des pécheurs, des bienheureux, des damnés [1].

(§ 14) Néanmoins, la sagesse de Dieu doit être justifiée, non par rapport à toi mais pour elle-même et en elle-même. En effet, même si le pauvre homme a mérité le châtiment à cause de sa volonté, Dieu aurait cependant pu au début faire en sorte qu'il n'ait jamais eu la volonté de pécher et ne soit jamais tombé dans le péché et la damnation. On ne peut pas dire non plus que Dieu a seulement été spectateur (alors que, par ailleurs, on attend d'un homme raisonnable, sans parler de ce qui convient à la sagesse et la bonté de Dieu, qu'il ne reste pas spectateur de la misère d'autrui, mais le sorte non seulement du malheur, mais aussi de l'ignorance et même, si possible, de la méchanceté et d'une volonté corrompue), car Dieu a de surcroît fourni l'occasion de pécher. Un homme en colère et aigri a juré de tuer son ennemi, Dieu le met, comme dit l'Écriture [2], entre ses mains et fait en sorte (car l'ordre de toutes choses vient de lui de toute éternité) qu'il le rencontre, alors l'étrangle et par suite, ce que Dieu savait assurément, tombe dans le désespoir et la damnation. N'est-ce pas tout comme si un enfant mal

1. L'argument se trouve également dans la *Profession de foi du philosophe* (p. 135-136), la *Conversation avec Sténon* (p. 179-180), le *Discours de métaphysique* (art. 30) et jusque dans la *Théodicée* (§ 264). Il consiste à rappeler, d'une part, que l'imputation du péché doit toujours revenir à sa cause prochaine, à savoir la volonté du pécheur, et non aux causes plus éloignées qui ont déterminé cette volonté (autrement la responsabilité serait dissoute et toute justice anéantie) ; d'autre part, que la nécessité ou non de ces causes antécédentes n'entre pas en ligne de compte quand il s'agit de juger l'acte commis, puisqu'elle ne change rien à son caractère illicite et donc punissable. Sur ce point, Leibniz rejoint Hobbes (voir *De la liberté et de la nécessité*, trad. F. Lessay, Paris, Vrin, 1993, p. 75 et p. 86).

2. Voir I Samuel 24, 5.

élevé, sauvage était en train de courir, qu'un spectateur lui ouvrait dans le même temps une trappe, que l'enfant, poursuivant sa course, y tombait et se brisait le cou ; mais que celui qui a ouvert la trappe, bien qu'il ait prévu tout cela, voulait pourtant prétendre ne pas être la cause de cette chute, car ce n'est pas lui qui a fait courir l'enfant ? Sans parler de celui qui aurait servi à un autre une boisson qui l'aurait rendu enragé, fou, ivre, échauffé, l'aurait donc sciemment rendu tel que, selon la raison, il dût devenir mauvais, l'aurait élevé au mal et cependant ne voudrait pas être la cause de ses péchés. Or Dieu n'a pas seulement été spectateur de notre folie, mais il a aussi ouvert la voie à la chute, il a pour ainsi dire placé sur notre chemin le fruit défendu, pour que nous soyons privés de la félicité ; et même il nous a créés, et en particulier Adam et Ève, de sorte que toute la chaîne des événements depuis la création a conduit à ce qu'Ève n'a pas eu la force de résister au serpent, ni Adam à Ève, mais qu'il a écouté et approuvé ses paroles et qu'il a cédé pour le malheur éternel de leurs descendants. Après cette chute, n'aurait-il pas été préférable qu'Adam et Ève aient été retirés du monde et remplacés par de nouveaux hommes, au lieu que nous soyons contaminés sans notre faute, dans notre innocence et au premier moment de notre naissance par un poison étranger entraînant la ruine éternelle de beaucoup, et que, de cette misère et de cette inclination au péché et à la ruine, seuls quelques-uns soient tirés par une grâce imméritée, en vertu d'une partialité incompréhensible ?

(§ 15) Ce sont des *nœuds* gordiens qu'aucune épée d'Alexandre ne peut trancher et c'est là que réside l'autre sophisme principal, que l'on peut mettre sous la forme logique suivante :

Celui qui permet sciemment le péché, en fournit toutes
les occasions et *fait en sorte que l'agent puisse le
commettre;* plus encore incite [au péché] la volonté
même de l'agent et fait en sorte *que celui-ci veut le
commettre* – puisqu'il aurait pourtant tout à fait pu
empêcher le péché, et même éviter d'en créer les
occasions et d'inciter la volonté [à le commettre] –,
celui-là doit être considéré comme l'auteur du péché.
Dieu fait cela, comme cela a été prouvé.

Donc il doit être considéré comme l'auteur du péché.

C'est la pierre sur laquelle a achoppé le bonheur de
tant de gens, c'est la raison du doute qui en a conduit tant
soit au désespoir soit à l'infamie. [Le problème] n'a toujours
pas été résolu jusqu'ici, comme il l'aurait fallu pour soulager
la détresse de tant de pauvres âmes.

(§ 16) Qui a jamais pu nier que Dieu ait le pouvoir de
bannir du monde tout péché? Il ne le fait pas, donc il veut
le laisser exister. Oui, il veut qu'il reste [dans le monde].
Car il juge que le mieux est soit qu'il reste, soit qu'il soit
supprimé. Il ne peut y avoir de troisième possibilité. S'il
juge que le mieux est qu'il soit supprimé, alors il doit
(*muss*) être supprimé, car l'[Être] omniscient veut ce qu'il
juge être le meilleur; la nature de la sagesse implique de
vouloir le meilleur, quiconque le nie embrouille tout l'usage
des mots. Car si le *bien* est ce que l'on veut (à condition
que l'on en comprenne la nature), comme le dit aussi
Aristote [1], alors le *meilleur* sera ce que l'on voudra
préférablement à autre chose, à condition de le reconnaître.
Or, puisque l'[Être] omniscient reconnaît le meilleur, il
s'ensuit qu'il le veut. Et puisque l'[Être] omniscient veut

---

1. Voir *Éthique à Nicomaque*, I, 1, 1094a 1-3.

ce qu'il juge être le meilleur et que, tout-puissant, il fait ce qu'il veut, il s'ensuit que le péché doit être supprimé, s'il juge que c'est le meilleur. Mais puisque, jusqu'à maintenant, le péché persiste dans le monde, c'est un signe que Dieu juge que c'est le meilleur et veut donc qu'il reste, et veut donc que le péché existe dans le monde.

(§ 17) Mais il y a plus : puisque Dieu est l'origine ultime de toutes choses et la cause de ce qu'elles sont plutôt que ne sont pas et qu'elles sont ainsi plutôt qu'autrement [1], il s'ensuit selon toute apparence que Dieu lui-même crée et fait le péché. Pourquoi est-ce que je pèche maintenant et commets un meurtre ? Parce que je [le] veux et [le] peux. Le pouvoir m'est donné par Dieu, le vouloir par les circonstances, mais Dieu les a créées elles aussi, avec toute la chaîne de leurs causes remontant au commencement du monde. Je [le] veux parce que cette personne (peut-être sans le savoir) m'a blessé et que j'ai un tempérament colérique, renforcé par mon éducation, parce que j'ai peut-être été élevé dans un pur bonheur et une liberté totale, habitué à une soumission [des autres] et à une flatterie constantes ; toutes ces choses ont à leur tour leurs causes, de sorte que, si l'entendement humain était capable de remonter leur cours sans interruption jusqu'à sa source, on arriverait finalement au premier état du monde, créé par Dieu lui-même et dont tout a découlé.

(§ 18) Face à ces arguments-massues, ce qu'une partie des scolastiques a tiré des paroles de plusieurs Pères de l'Église et qui, faute de mieux, a été accueilli à bras ouverts par beaucoup de gens raisonnables ne tient pas, à savoir

---

1. Sur le principe selon lequel *rien n'est sans raison* et sur son application qui semble remettre en cause la justice divine, voir la *Profession de foi du philosophe*, p. 91, note 2 ; p. 96.

que le péché est un rien[1], qu'il consiste dans le manque de la perfection due[2], que Dieu est seulement la cause des créatures et des choses en tant qu'elles ont une réalité, mais pas des imperfections qui viennent d'elles[3]. [C'est] comme si quelqu'un, qui serait la cause du nombre trois, voulait nier être la cause de son imparité et, s'il avait fait trois enfants, se mettait en colère si l'on disait qu'il les avait faits tels qu'ils ne puissent aller deux par deux. Assurément, on avance des arguments si faibles pour excuser Dieu que l'avocat d'un accusé aurait honte de les exposer à un juge raisonnable. À ce compte, un mauvais musicien n'est la cause que des battements [de tambour] ou des coups d'archet, mais non des dissonances qui en résultent. Qui peut évidemment quelque chose au fait qu'ils ne veulent pas être harmonieux, faut-il punir le musicien pour cela? Dans ce cas, je ne vois pas pourquoi on considère le pécheur lui-même comme la cause du péché, il fait l'acte (exactement comme Dieu fait tout ce dont résulte l'acte), qui peut quelque chose au fait qu'il [cet acte] n'est pas en harmonie avec l'amour de Dieu? Cette imperfection ou dissonance est un non-être, quelque chose de négatif (*negativum*), qui ne requiert ni concours ni influence (*influxus*), comme ils l'appellent. Voilà donc les beaux

---

1. Voir Pseudo-Denys l'Aréopagite, *Les Noms divins*, c. IV, 19-20; Origène, *Commentaire sur l'Évangile de Jean*, II, XIII, 93-96; Basile de Césarée, *Homélie : Que Dieu n'est pas l'auteur des maux*, 5, Migne PG 31, 341-342b; Jean Damascène, *Dialogue contre les Manichéens*, 1, Migne PG 94, 1507-1508b. Pour Augustin, voir *infra*, la lettre à Wedderkopf, p. 80, note 2.

2. Voir Anselme de Cantorbéry, *De la chute du diable*, c. 11; Thomas d'Aquin, *Somme théologique*, Ia, q. 48, a. 5 ad 1; Francisco Suárez (1548-1617), *Disputes métaphysiques*, XI, sect. I, 3.

3. Voir plus bas *L'auteur du péché*, p. 167-170.

avocats de la justice divine, qui rendront en même temps tous les pécheurs impunissables ! Et je m'étonne que le profond Descartes [1] aussi ait trébuché ici.

(§ 19) D'autres, prétextant le libre arbitre de l'homme, s'efforcent de briser la chaîne adamantine [2] des causes dérivant les unes des autres et de priver Dieu de sa propre nature (à savoir qu'il est la cause première et ultime de toutes choses) pour sauvegarder sa justice. Ainsi, bien que les hommes en général, tant que leur esprit n'est pas déformé et pour ainsi dire faussé par les élucubrations insensées et incompréhensibles des philosophes, considèrent qu'a suffisamment de libre arbitre celui qui peut faire ce qu'il veut et veut ce qu'il trouve bon, ces bons messieurs, qui ont vu qu'une chaîne de causes dont ils ne pouvaient se défaire en [3] découlait immédiatement (puisque la volonté suit du bien apparent et que celui-ci, à son tour, dérive d'autres circonstances comme un effet de sa cause entière), ont employé toutes les forces de leur esprit à éradiquer

---

1. Voir *Principes de la philosophie*, Première partie, art. 31 : « [nos erreurs] ne sont pas des choses *ou substances* qui aient besoin du concours actuel de Dieu pour être produites : en sorte qu'elles ne sont, à son égard, que des négations, *c'est-à-dire qu'il ne nous a pas donné tout ce qu'il pouvait nous donner et que nous voyons par même moyen qu'il n'était point tenu de nous donner ;* au lieu qu'à notre égard elles sont des défauts et des imperfections » (AT IX-2, 38-39). Voir aussi art. 23 : « [...] [Dieu] ne veut point la malice du péché, parce qu'elle n'est rien » (AT IX-2, 35).

2. Chaîne d'acier ou de diamant, c'est-à-dire d'une solidité extrême. L'image vient certainement de Platon : dans *Gorgias*, Socrate parle de vérités qui « sont enchaînées les unes aux autres par des raisons de fer et d'acier » (508e-509a). Mais l'idée d'une chaîne des causes, inflexible et inviolable, est également d'inspiration stoïcienne (voir Aétius, *Opinions des philosophes*, I, 28, 4 ; Diogène Laërce, *Vies, doctrines et sentences des philosophes illustres* VII, 1, 149).

3. D'une telle interprétation du libre arbitre.

des esprits cette interprétation naturelle. Ils y sont effectivement parvenus chez leurs disciples et ils pensent avoir fait des merveilles en faveur de la justice divine. Ils disent donc que le *libre arbitre* est la faculté que possède une créature rationnelle et qui fait qu'elle peut vouloir ceci ou cela sans aucune cause. Ils l'appellent indifférence pure [1], lui donnent d'étonnants noms, titres et caractéristiques distinctives, et en tirent d'innombrables choses incompréhensibles et merveilles philosophiques comme on peut facilement se l'imaginer. Mais, puisque la chaîne des causes est alors brisée, ils ne savent pas comment expliquer l'omniscience de Dieu, étant donné qu'elle repose sur le fait qu'il est la cause première (« l'être en soi, dont tout provient », comme ils l'enseignent eux-mêmes). Par exemple, lorsqu'Abiathar, sous l'inspiration de Dieu, a

---

1. Leibniz vise ici particulièrement Luis de Molina (1535-1600), qui donne de la liberté la définition suivante : « Est dit libre l'agent qui, une fois posé tout ce qui est requis pour agir, peut agir et ne pas agir, ou faire une chose de façon à pouvoir aussi faire le contraire » (*Concordia liberi arbitrii cum gratiae donis, divina praescientia, providentia, praedestinatione et reprobatione*, Lisbonne, 1588, q. 14, a. 13, disp. 2, § 3). La liberté réside fondamentalement dans l'indifférence, car, quels que soient les déterminations présentes et même le choix effectué, elle est et demeure cette capacité absolue à agir ou à ne pas agir, à suivre tel parti ou son contraire. Comme l'écrit Suárez, « la liberté requiert une faculté active indifférente d'agir et de ne pas agir » (*Disputes métaphysiques*, XIX, sect. IV, 8 ; *Opera Omnia*, t. XXV, Paris, L. Vivès, 1861, p. 708 ; voir aussi *De la science de Dieu* [...], livre I, chap. 3, 10). La critique de cette « indifférence d'équilibre » sera constante sous la plume de Leibniz, qui considère qu'elle viole le principe de raison, la juge chimérique, sans exemple, impossible et mauvaise (si on la possédait). Voir par exemple A VI, 4-B, 1355 (passage cité *infra*, p. 191, note 1) ; GP VII, 109-111 ; Grua 277 ; *Théodicée* § 303, 314, 315, 320, 365.

prophétisé à David que, si Saül venait à Ziclag[1], les habitants le [David] livreraient à l'assiégeant [Saül], ils ne savent pas expliquer comment Dieu a bien pu savoir ce qu'auraient fait alors les habitants de Ziclag, puisque le libre arbitre des habitants de Ziclag est [pour eux] une chose tout à fait indifférente, ne dépendant d'aucune cause et dans laquelle Dieu ne pouvait rien voir (et même s'il avait considéré très précisément toutes les circonstances sur lesquelles les hommes se fondent habituellement et presque infailliblement), lui permettant de savoir avec certitude de quel côté pencherait la balance de leur libre arbitre. Comment Dieu a-t-il bien pu faire pour deviner ce secret ? Sa toute-puissance, par laquelle il connaît tout ce qu'il crée, n'a pu lui être ici d'aucun secours, parce qu'il laisse au libre arbitre sa nature indépendante et, selon eux, n'exerce sur lui aucune influence qui le déterminerait. Son infinité et son omniprésence, par lesquelles les choses futures lui sont pour ainsi dire actuellement présentes, n'ont pu être d'aucun secours non plus. Car ici, la question n'était pas de savoir ce qui arriverait dans le futur, mais ce qui serait arrivé si Saül était venu et David resté, bien que David ne soit pas resté ni Saül venu. Ici, l'esprit incomparable de deux Espagnols, Fonseca[2] et Molina, est venu à point

1. Il s'agit en réalité de la ville de Qéïla (ou Kégila) (voir I Samuel 23, 6-13). Ziclag (ou Tisklag) est le village où David trouvera refuge en Philistie (voir I Samuel 27, 6). L'exemple, dont se sert Molina lui-même dans la *Concordia*, est également évoqué et commenté aux § 40-42 de la *Théodicée*.

2. Pedro da Fonseca (1528–1599), théologien jésuite portugais, fut le maître de Molina. Il est considéré comme l'inventeur de l'idée de science moyenne (voir ses *Commentaires sur les livres de la métaphysique d'Aristote*, t. III, livre VI, chap. II, qu. 4, sect. 8, Évora, 1604).

nommé secourir l'omniscience divine bien mal en point
et a révélé au genre humain comment Dieu connaît toutes
les conséquences des choses dans lesquelles est impliqué
le libre arbitre, par une certaine science, qui, je crois, est
appelée au Ciel la science moyenne[1]. Ils n'en ont pas
découvert davantage,

> *[...] car le reste, les Parques en interdisent*
> *La connaissance à Hélénus, et Junon, fille de Saturne,*
> *lui défend de parler.*[2]

1. Molina opère la distinction suivante : « Il convient que nous
distinguions trois sciences en Dieu, si nous ne voulons pas nous tromper
dangereusement, dans la conciliation de la liberté de notre arbitre et de la
contingence des choses avec la prescience divine. L'une [est] purement
naturelle [et], par conséquent, n'a pu en aucune façon être autrement en
Dieu, par laquelle il a connu tout ce à quoi s'étend la puissance divine,
ou immédiatement ou par l'intervention des causes secondes, jusqu'aux
natures des choses particulières, à leurs complexions nécessaires,
comme aussi contingentes, non certes parce qu'elles devraient arriver,
ou ne seraient pas de manière déterminée, mais parce qu'elles pourraient
indifféremment être ou ne pas être, ce qui leur convient nécessairement
et, par suite, tombe aussi sous la science naturelle de Dieu. Une autre
[est] purement libre, par laquelle Dieu, après l'acte libre de sa volonté,
indépendamment de toute hypothèse et condition, a connu de façon
absolue et déterminée, de toutes les complexions contingentes, celles
qui vont être réellement, celles qui ne seront pas. Enfin la troisième
[est] la science moyenne, par laquelle, à partir d'une compréhension
très haute et insondable de chaque libre arbitre, [Dieu] a vu en son
essence ce qu'il [chaque libre arbitre] ferait, par sa liberté innée, s'il
était placé dans tel ou tel, ou même dans d'infinis ordres de choses,
quoiqu'il pût cependant, s'il voulait, faire réellement le contraire [...] »
(*Concordia*, q. 14, art. 13, disp. 52, § 9). La science divine naturelle
porte sur les possibles, la science divine libre sur l'existant, la science
divine moyenne sur les conditionnels. Leibniz affirme que les tenants
de la science moyenne prétendent exempter la volonté du principe
selon lequel *rien n'est sans raison* (automne 1671-début 1672?, A VI,
2, 480). La critique est développée dans *La science moyenne* (novembre
1677), A VI, 4-B, 1373-1374 ; Grua 349-350, 358 ; *Théodicée* § 39-42,
§ 47 ; *La cause de Dieu* § 14-17.

2. Virgile, *Énéide*, III, 379-380.

Ô hommes aveugles ! Cette science, dont on n'entend rien si ce n'est le son des mots, est célébrée comme une grande subtilité, comme une découverte surnaturelle et même comme un chef d'œuvre de l'entendement humain. La difficulté est la suivante : comment déduire cette prescience des attributs divins et en particulier de l'attribut principal, le plus éminent selon notre entendement, à savoir qu'il [Dieu] est la cause première de toutes choses ? La prescience n'est pas déduite (et ne pourra d'ailleurs jamais l'être si l'on conserve la définition du libre arbitre donnée plus haut, mais pourra parfaitement l'être si la cause du libre arbitre est la bonté apparente des choses et des circonstances présentes, parce que Dieu, à partir de l'état présent qu'il a créé, connaît infailliblement les circonstances qui se présenteront ensuite à l'esprit des habitants de Ziclag ; exactement comme un maître d'abaque qui doit multiplier 4 par 8 et diviser le produit par 2, ce qui donne 16, peut savoir que s'il arrange autrement les nombres et, par exemple, multiplie 8 par 2 et divise le produit par 4, cela donnera 4, à cette seule différence que Dieu embrasse d'un seul regard tous les innombrables arrangements et conséquences possibles, tandis que le maître d'abaque a besoin de temps pour chacun), mais au lieu de cela, on se contente de donner un nouveau nom à la science de ces choses dont personne ne doute et on fulmine contre ceux qui s'y opposent, comme s'ils voulaient nier l'omniscience de Dieu ou le libre arbitre de l'homme.

(§ 20) Mais pour que nous… [1]

1. Le manuscrit s'arrête là.

LETTRE DE LEIBNIZ
À MAGNUS WEDDERKOPF
(mai 1671)[1]

Le *Destin* (*fatum*) est le Décret de Dieu ou la nécessité des événements. Sont *fixées par le destin* (*fatalia*) les choses qui doivent arriver nécessairement. L'alternative est difficile : soit Dieu ne décide pas de toutes choses, soit, s'il décide de toutes choses, il est absolument l'auteur de toutes choses. Car s'il décide de toutes choses et que des choses ne sont pas conformes à son décret, il ne sera pas omnipotent. Mais s'il ne décide pas de toutes choses, il s'ensuit, semble-t-il, qu'il n'est pas omniscient. Il semble en effet impossible qu'un être omniscient suspende son jugement au sujet de quelque chose. Le fait que nous, nous suspendions souvent nos jugements, vient de notre ignorance. Il suit de là que Dieu ne peut jamais se contenter simplement de permettre. Il s'ensuit aussi qu'il n'y a réellement aucun décret de Dieu qui ne soit pas absolu. Nous, en effet, nous suspendons nos jugements à cause des conditions et des alternatives, parce que nous avons une connaissance très incomplète des circonstances des choses. Mais ces paroles sont dures ? Je le reconnais. Quoi donc ? Prenons Pilate qui est damné. Pourquoi l'est-il ? Parce qu'il lui manque la foi. Pourquoi lui manque-t-il la

1. A II, 1, 186-187.

foi ? Parce qu'il lui a manqué la volonté d'être attentif. Pourquoi lui a-t-elle manqué ? Parce qu'il n'a pas compris la nécessité de cette chose : l'utilité d'être attentif[1]. Pourquoi ne l'a-t-il pas comprise ? Parce que les causes de cette compréhension (*intellectio*) ont fait défaut. Il est nécessaire en effet que toutes choses soient ramenées à quelque raison, et l'on ne peut s'arrêter avant d'être parvenu à la raison première, ou bien il faut admettre que quelque chose peut exister sans une raison suffisante d'exister ; et une fois que l'on a admis cela, la démonstration de l'existence de Dieu et celle de nombreux théorèmes philosophiques sont ruinées[2]. Quelle est donc la raison dernière de la volonté divine ? L'entendement divin. En effet, Dieu veut les choses qu'il comprend être les meilleures et aussi les plus harmoniques et les choisit, pour ainsi dire, dans le nombre infini de tous les possibles. Quelle est donc la raison dernière de l'entendement divin ? L'harmonie des choses. Quelle est celle de l'harmonie des choses ? Il n'y en a pas. Par exemple, le fait que le rapport de 2 à 4 soit le même que celui de 4 à 8, on ne peut nullement en rendre raison, pas même par la volonté divine. Cela dépend de l'essence elle-même ou de l'Idée des choses. Car les essences des

---

1. L'attention « n'est rien d'autre que la réflexion » (texte écrit entre 1669 et l'été 1670 ?, A VI, 2, 276). Avec les préceptes qui y appellent, elle est « le plus grand don de la grâce » (*Profession de foi du philosophe*, *infra*, p. 133 et note 1 ; *Éléments de la vraie piété, ou de l'amour de Dieu sur toutes choses*, 1677-1678, A VI, 4-B, 1366). L'attention est définie en 1679 comme la « détermination de l'esprit à penser quelque chose préférablement à d'autres, parce que l'on ne songe pas aux autres » (*Des affects*, avril 1679, A VI, 4-B, 1427). Leibniz insiste particulièrement sur son importance dans les dialogues de 1679 ; voir *Dialogues sur la morale et la religion* [...], Vrin, 2017, p. 74, 112, 114, 121, 159 (p. 155 : « Dieu donne aux hommes l'attention, et l'attention fait tout »).

2. Voir *infra*, p. 91, note 2.

choses sont comme les nombres [1], et elles contiennent la
possibilité même des êtres, dont Dieu fait l'existence mais
pas la possibilité, puisque ces possibilités elles-mêmes ou
Idées des choses coïncident plutôt avec Dieu lui-même.
Or comme Dieu est l'esprit le plus parfait, il est impossible
qu'il ne soit pas affecté par l'harmonie la plus parfaite, et
ainsi nécessité au meilleur par l'idéalité même des choses.
Ce qui n'enlève rien à la liberté. Car la plus grande liberté
est d'être contraint au meilleur par la droite raison, [et]
celui qui désire une autre liberté est fou. Il suit de là que

1. La formule « essentiae rerum sunt sicut numeri » est un adage
d'origine scolastique. S'appuyant sur Aristote, Thomas d'Aquin
déclare que « les formes substantielles sont les unes par rapport aux
autres comme les nombres » (*Quodlibet* I, q. 4 a. 1 co.; voir aussi
Somme Théologique, Ia, q. 5, a. 5 co.; *Somme contre les Gentils*, IV,
41, n. 3). Le Stagirite montrait en effet (*Métaphysique*, H, 3, 1043b
32-1044a 2) que les substances ne peuvent être assimilables à des
nombres au sens où elles seraient des collections d'unités. Cependant,
il en est de leur définition comme d'un nombre : de même qu'en
retranchant ou en ajoutant une unité à un nombre, on obtient un
nombre différent, « de même ni la définition ni l'essence ne restent
les mêmes, si on leur retranche ou si on leur ajoute quoi que ce soit »
(1044a 1-2; trad. de J. Tricot modifiée). Leibniz reprend l'adage dès la
Dissertation métaphysique sur le principe de l'individu (1663), A VI,
1, 19 et s'y référera à plusieurs reprises dans son œuvre. Dans un texte
vraisemblablement de 1677, il l'explique de la manière suivante : « Les
essences des choses sont comme les nombres. Deux nombres ne sont
pas égaux entre eux, de même que deux essences ne sont pas également
parfaites » (A VI, 4-B, 1352; voir aussi 1389). Cela dit, dans la mesure
où elle insiste davantage sur le caractère immuable, éternel et incréé des
essences à partir desquelles les choses sont faites, notre lettre indique
une autre source d'inspiration qu'aristotélicienne. La perspective de
Leibniz est en effet ici plutôt pythagoricienne et platonicienne. Sur
ce point, voir le témoignage d'Aristote, in *Métaphysique*, A, 5 et 6,
notamment ce passage : « [...] les Pythagoriciens, en effet, disent que
les êtres existent par imitation des nombres; pour Platon, c'est par
participation, le mot seul est changé » (987b 11-13; trad. de J. Tricot
modifiée).

tout ce qui est arrivé, arrive, ou arrivera, est le meilleur et par conséquent nécessaire, mais, comme je l'ai dit, selon une nécessité qui n'enlève rien à la liberté, parce qu'elle n'enlève rien à la volonté et à l'usage de la raison. Nul n'a le pouvoir de vouloir ce qu'il veut [1], quoiqu'il puisse parfois [faire] ce qu'il veut. Bien plus, nul ne souhaite pour lui cette liberté de vouloir ce qu'il veut, mais plutôt celle de vouloir le meilleur. Pourquoi donc ce que nous ne souhaitons pas pour nous-mêmes, nous l'attribuons à Dieu ? De là il est clair qu'une volonté absolue indépendante de la bonté des choses est monstrueuse ; au contraire, qu'il n'y a aucune volonté permissive chez l'Être omniscient, si ce n'est en tant que Dieu se conforme à l'idéalité même des choses c'est-à-dire au meilleur. Il faut donc penser que rien n'est absolument parlant un mal, sans quoi Dieu ou bien n'aurait pas été suprêmement sage pour le découvrir, ou bien n'aurait pas été suprêmement puissant pour l'éliminer. Je ne doute nullement que ce fut là l'opinion d'Augustin [2]. Les péchés ne sont des maux, ni absolument, ni pour le monde, ni pour Dieu, sans quoi il ne les aurait pas permis, mais pour

1. La volonté n'est pas au pouvoir de la volonté : thèse constante de Leibniz, que l'on retrouvera, notamment, dans la *Profession de foi du philosophe* (p. 122-123 et p. 135), dans les *Nouveaux Essais sur l'entendement humain* (II, 21, § 22-23 ; A VI, 6, 182) et dans la *Théodicée* : « Pour ce qui est de la *volition* même, c'est quelque chose d'impropre de dire qu'elle est un objet de la volonté libre. Nous voulons agir, à parler juste, et nous ne voulons point vouloir ; autrement nous pourrions encore dire que nous voulons avoir la volonté de vouloir, et cela irait à l'infini » (§ 51, GP VI, 130).
2. La formule « malum nihil esse » se trouve dans les *Soliloques*, I, 1, 2. La thèse est soutenue dans divers passages, notamment *Confessions*, III, 7, 12 ; *Du Libre arbitre*, II, 20, 54. Dans le premier des *Cent vingt-quatre Traités sur l'Évangile de Jean* (13), Augustin déclare encore : « peccatum nihil est ». La volonté mauvaise a une cause « déficiente » et non « efficiente » (*Cité de Dieu*, XII, 7)

le pécheur[1]. Dieu hait les péchés, non au point qu'il ne puisse supporter leur vue, comme nous nous en détournons, sans quoi il les aurait éliminés, mais parce qu'il les punit. Les péchés sont des biens, c'est-à-dire sont harmoniques, pris avec la peine ou l'expiation. Car il n'y a pas d'harmonie qui ne vienne des contraires. Mais gardez ces choses pour vous : je ne voudrais pas en effet qu'elles soient divulguées. Car [même] les raisons les plus justes ne sont pas comprises de tout le monde[a].

a. Leibniz a ajouté par la suite : « J'ai corrigé cela après, car une chose est [de dire] que les péchés arriveront infailliblement, une autre qu'ils arriveront nécessairement ».

1. Voir Augustin, *Confessions*, VII, 13, 19 ; *Cité de Dieu*, XII, 3.

LA PROFESSION DE FOI DU PHILOSOPHE
(1672-1673) [1]

LE THÉOLOGIEN CATÉCHISTE. Il y a peu [2], nous avons discuté suffisamment et plus que suffisamment de l'immortalité de l'âme et de la nécessité d'un gouverneur (*Rector*) du monde. Si vous continuez de me donner satisfaction de la sorte, vous diminuerez grandement la tâche qui m'incombe de vous instruire. Maintenant nous attend l'épineuse étude de la *justice de Dieu*, car rien n'est opposé plus fréquemment ou de façon plus spécieuse à la providence que le désordre des choses. Je désire que vous prépariez cette étude et pour ainsi dire que vous la traitiez entièrement par les moyens de la droite raison, si bien que, quand j'apporterai la lumière des révélations, les esprits soient touchés par la réflexion plus pure de leurs rayons.

LE PHILOSOPHE CATÉCHUMÈNE. La condition me convient : elle nous est avantageuse à l'un et à l'autre. Commencez tout de suite par interroger.

LE THÉOLOGIEN. Attaquons-nous donc au fond du problème : pensez-vous que *Dieu est juste ?*

PH. Pour moi je le pense vraiment, ou plutôt je le sais.

TH. Qu'appelez-vous *Dieu ?*

PH. Une substance omnisciente et omnipotente.

---

1. A VI, 3, 116-149.
2. Voir notre introduction p. 31-33.

TH. Qu'est-ce qu'être *juste* ?

PH. *Juste* est celui qui aime tout le monde (*omnes*).

TH. Mais qu'est-ce qu'*aimer* ?

PH. *Se réjouir* de la félicité d'autrui [1].

TH. Qu'est-ce que *se réjouir* ?

PH. Sentir l'harmonie.

TH. Qu'est-ce enfin que l'*harmonie* ?

PH. La similitude dans la variété, ou la diversité compensée par l'identité [2].

1. Cette définition de l'amour est formulée par Leibniz dès 1669 (voir A IV, 1, 34). Elle permet de concilier le souci légitime de l'intérêt propre (auquel on ne saurait jamais renoncer) et la considération de l'intérêt d'autrui. Dans l'amour véritable en effet, le bien de l'autre (le prochain, Dieu) nous plaît en lui-même, immédiatement et, par conséquent, est recherché pour lui-même et non parce qu'il est la cause de notre plaisir ou le moyen de l'obtenir, comme c'est le cas de l'amour fondé sur l'utilité (voir *Éléments du droit naturel*, 1670-1671 ?, A VI, 1, 464 ; *Éléments de la vraie piété, ou de l'amour de Dieu sur toutes choses*, 1677-1678, A VI, 4-B, 1357). Sur le sujet, nous nous permettons de renvoyer au chapitre « L'amour : identité et expression » de notre ouvrage *Leibniz et le meilleur des mondes possibles*, Paris, Classiques Garnier, 2015, p. 225-261.

2. La même suite de définitions figure, à peu de choses près, dans la lettre du 5 mai 1671 à Lambert van Velthuysen (A II, 1, 164) et dans celle de novembre 1671 à Antoine Arnauld (A II, 1, 280). Dans la première cependant, le plaisir est défini comme « l'harmonie dans celui qui sent », l'harmonie comme « la similitude dans des choses dissemblables ». Dans la seconde, l'harmonie est « la diversité compensée par l'identité », car, précise Leibniz, « la variété nous réjouit plus que tout, mais une fois réduite à l'unité ». Voir aussi la lettre à Louis Ferrand du 31 janvier 1672 (A I, 1, 180-181). Dans les *Éléments du droit naturel* (deuxième moitié 1671 ?), Leibniz ajoute : « est harmonique ce qui est difforme de manière uniforme (*uniformiter difforme*) » (A VI, 1, 484). L'harmonie est un rapport (*ratio*) ou une proportion entre deux ou plusieurs choses (cf. *Nouvelle méthode pour apprendre et enseigner la jurisprudence*, § 74, A VI, 1, 343 ; en 1696 : Grua 379). Le texte intitulé *Éléments de la vraie piété, ou de l'amour de Dieu sur toutes choses* (1677-1678) énonce les conditions

TH. Votre définition étant posée, il semble que nécessairement *Dieu*, s'il est juste, *aime tout le monde* (*omnes*)?

PH. Oui, assurément.

TH. Mais vous savez que nombreux sont ceux qui le nient.

PH. Quelques grands hommes l'ont nié, mais les mêmes l'ont parfois aussi affirmé après avoir modifié le sens des mots.

TH. Nous y reviendrons peut-être plus tard. Pour l'instant, je désire voir quel argument vous allez utiliser.

PH. Il sera tiré des réponses que j'ai faites et que vous avez admises. N'a-t-il pas été accordé que Dieu est omniscient?

TH. Et alors?

---

de l'harmonie : « Il y a harmonie quand de nombreuses choses sont ramenées à une certaine unité. Car lorsqu'il n'y a aucune variété, il n'y a aucune harmonie, et *l'on rit du cithariste qui [toujours pince à faux la même] corde* [...]. À l'inverse, lorsque la variété est sans ordre, sans proportion, sans accord, il n'y a aucune harmonie. Il est clair de là que plus grandes sont la variété et l'unité dans la variété, plus grande est l'harmonie » (A VI, 4-B, 1359). Comme l'ont observé plusieurs commentateurs, Leibniz s'inspire vraisemblablement de Johann Heinrich Bisterfeld (1605-1655), dont il a lu et annoté certaines des œuvres (voir A VI, 1, 151-161), notamment le *Philosophiae primae Seminarium* (Leyde, 1657), où l'auteur évoque la « panharmonie de toutes choses » (chap. 8, VII). Bisterfeld identifie l'harmonie à l'ordre, ou « congruence de choses distinctes, que celles-ci soient égales ou inégales » (*Bisterfeldius redivivus*, La Hague, 1661, t. I, *Alphabetum philosophicum*, XLI, p. 68). Il affirme que toutes les choses (*universitas rerum*) doivent être ordonnées, de sorte que « toute variété peut et doit nécessairement être ramenée à l'unité » (*ibid.*, *Artificium definiendi catholicum*, LVIII, p. 70). Voir aussi *Phosphorus Catholicus, seu Artis meditandi Epitome*, Leyde, 1657, en particulier les paragraphes VI-VII (p. 3).

PH. Alors il n'y aura d'harmonie dans aucune chose pensable qui ne lui soit toujours connue.

TH. Soit.

PH. De plus, *toute félicité est harmonique ou belle*[1].

TH. Je le reconnais.

PH. Et moi je le prouverai pour que d'autres ne puissent le nier. La félicité n'est propre qu'aux esprits.

TH. C'est juste, car personne n'est heureux sans savoir qu'il l'est. (Vous connaissez ce vers : *Trop heureux sont ceux qui connaissent leurs biens !*[2]). Qui est conscient de son état est un esprit. Donc *personne n'est heureux à moins d'être un esprit*.

PH. Voilà qui est correctement conclu. Or la félicité est assurément l'état de l'esprit le plus agréable à l'esprit lui-même, mais rien n'est agréable à l'esprit sinon l'harmonie.

TH. Oui absolument, puisque nous avons convenu il y a un instant que se réjouir n'est rien d'autre que sentir l'harmonie.

PH. La félicité consistera donc dans l'état de l'esprit le plus harmonique possible. La nature de l'esprit est de penser ; donc l'harmonie de l'esprit consistera à penser l'harmonie et *la plus grande harmonie de l'esprit, c'est-à-dire la félicité, [consistera] dans la concentration de l'harmonie universelle, c'est-à-dire de Dieu*[3], *dans l'esprit*.

---

1. Harmonie et beauté sont souvent identifiées l'une à l'autre (voir A VI, 1, 434-435). Dans un texte de 1676, Leibniz écrit par exemple : « L'harmonie est cela même : une certaine simplicité dans la multitude. Et c'est en cela que consistent la beauté et le plaisir » (A VI, 3, 588). « Dieu a créé toutes choses suivant la plus grande harmonie ou beauté possible. » (été à hiver 1678-1679 ?, A VI, 4-C, 2799).

2. Voir Virgile, *Géorgiques*, II, v. 458.

3. Voir le *Plan des démonstrations catholiques* (1668-1669 ?) : « [...] Dieu ou l'Esprit de l'univers n'est rien d'autre que l'harmonie

TH. Fort bien. On prouve en effet par la même occasion que la félicité de l'esprit et la contemplation de Dieu sont une même chose.

PH. Je me suis donc acquitté de la tâche que je m'étais assignée : [prouver] que *toute félicité est harmonique*.

TH. Il est maintenant temps pour vous d'achever [la preuve] que *Dieu aime tout le monde*.

PH. Considérez la chose comme faite. Si toute félicité est harmonique (comme cela a été démontré), si toute harmonie est connue de Dieu (en vertu de la définition de *Dieu*) et si tout sentiment de l'harmonie est plaisir [1] (*delectatio*) (en vertu de la définition du *plaisir*), il s'ensuit que toute félicité est agréable à Dieu. Donc (en vertu de la définition de l'*amour* posée tout à l'heure), que Dieu aime tout le monde et, par conséquent (en vertu de la définition de *juste* donnée plus haut), que *Dieu est juste*.

TH. Il s'en faut de peu que je vous dise que vous l'avez démontré. Et je crois qu'assurément personne, même parmi

des choses, c'est-à-dire le principe de la beauté qui est en elles » (A VI, 1, 499, c. 51) ; la lettre au duc Jean-Frédéric d'octobre 1671 : « [...] il doit exister une raison dernière des choses ou Harmonie universelle, c'est-à-dire un Dieu » (A II, 1, 265) ; la lettre à Arnauld de novembre 1671 : « [...] c'est la même chose d'aimer tout le monde et d'aimer Dieu, le siège de l'harmonie universelle [...] » (A II, 1, 280).

1. Toute harmonie est source de plaisir et tout plaisir est sentiment de l'harmonie : « les sensations exquises de la vue et de l'ouïe le prouvent de manière évidente », écrit Leibniz dans un texte vraisemblablement de janvier 1672 (A IV, 1, 247). Et d'en conclure que même « dans les autres sensations plus grossières, qui consistent en un certain toucher plus émoussé, le plaisir est accompli par une certaine harmonie et proportion des vibrations de ces cordes que nous appelons les nerfs ». Comme l'indiquera le § 17 des *Principes de la Nature et de la Grâce* (1714), la frontière entre plaisirs des sens et plaisirs intellectuels s'estompent alors (ils ne diffèrent pas en nature). Quel que soit le sens considéré, il s'agit en effet toujours de percevoir des proportions ou un certain ordre.

ceux qui ont nié la grâce universelle [1], ne s'y opposerait, pourvu qu'ils entendent les mots dans le sens où vous les avez employés, sens qui ne contrevient en rien au sens courant.

PH. Je pense que l'on peut arriver à la même conclusion en partant de leur propre opinion. En effet, quand ils disent que Dieu n'aime que les élus, ils indiquent suffisamment par là qu'il a aimé les uns plus que les autres (car c'est cela *élire*) et, par conséquent, puisque tous ne pouvaient être sauvés (en vertu de l'harmonie universelle des choses, qui fait ressortir la peinture par les ombres et la consonance par les dissonances), que quelques-uns, étant moins aimés, ont été *rejetés*, non certes que Dieu l'ait voulu mais, comme la nature des choses le veut ainsi, parce qu'il l'a permis (car Dieu ne veut pas la mort du pécheur). Donc quand on dit que Dieu a aimé l'un et haï l'autre, on veut dire qu'il l'a aimé moins et, par conséquent, puisque tous ne pouvaient pas être élus, qu'il l'a rejeté. Or, de même qu'un moindre bien tient parfois lieu de mal, de même on peut dire, en cas de concurrence (*concursus*) entre deux amours, qu'un moindre amour tient lieu de haine, quoique cette manière de parler soit moins appropriée. Mais pourquoi Dieu aime l'un plus que l'autre, ce n'est pas ici le lieu de le déterminer.

TH. Non, mais veillez à satisfaire avec le même succès aux difficultés qui naissent principalement de là.

PH. Quelles sont donc ces difficultés?

TH. Écoutez les principales. Si Dieu se réjouit de la félicité de tous, pourquoi ne les a-t-il pas tous rendus heureux? S'il les aime tous, comment se fait-il qu'il en

---

1. Leibniz vise ici d'abord les calvinistes. Voir Calvin, *Institution de la religion chrétienne*, livre II, chap. II, 6 ; Théodore de Bèze, *Ad acta Colloquii Montisbelgardensis* […] (Genève, 1588), à propos de la prédestination. Il a peut-être également en vue les jansénistes.

damne de si nombreux ? S'il est juste, comment se fait-il qu'il se montre si *inéquitable* que d'une matière *semblable à tous égards*, de la même argile il fait des vases les uns destinés à un usage noble, les autres à un usage méprisable [1] ? Et comment n'est-il pas le *fauteur du péché*, si, en connaissance de cause (alors qu'il aurait pu éliminer le péché du monde), il l'a admis ou toléré ? Bien plus, comment n'en est-il pas l'*auteur*, s'il a créé toutes choses de telle sorte que le péché en ait suivi ? Et qu'en est-il du *libre arbitre* une fois posée la nécessité de pécher, et de la *justice du châtiment* une fois supprimé le libre arbitre ? Qu'en est-il de la justice de la récompense, si la différence entre les uns et les autres est l'effet de la seule *grâce* ? Enfin, si *Dieu* est la *raison dernière des choses*, qu'imputer aux hommes et qu'imputer aux diables ?

PH.   Vous m'écrasez sous la multitude en même temps que sous le poids des difficultés.

TH.   Procédons alors de façon plus distincte [a]. [b] Avant toutes choses, n'accordez-vous pas que rien n'est sans raison ?

PH.   Pour ma part je l'accorde, au point de considérer que l'on peut démontrer que jamais aucune chose n'existe qu'il ne soit possible (du moins à un être omniscient) d'assigner une raison suffisante pourquoi elle est plutôt qu'elle n'est pas, et est ainsi plutôt qu'autrement. Celui qui le nie détruit la distinction entre l'être même et le non-être. Tout ce qui existe possèdera assurément tous les

a. En marge du feuillet est écrit : « Fragment d'un dialogue sur la liberté humaine et la justice de Dieu ».

b. « Avant toutes choses il faut accorder que rien n'est sans raison » [barré]

1. Allusion à Romains 9, 21-23.

réquisits [1] pour exister ; or tous les réquisits pour exister pris ensemble sont la *raison suffisante d'exister ;* donc tout ce qui existe a une raison suffisante d'exister.

TH. Je n'ai rien à opposer à cette démonstration, ou plutôt à l'opinion et qui plus est à la pratique du genre humain. Car tous les hommes, quand ils perçoivent quelque chose, surtout si c'est quelque chose d'inhabituel, en demandent le *pourquoi* (*cur*), c'est-à-dire la raison, ou efficiente ou, si l'auteur est doué de raison, la fin. Les mots *cura* (soin [2]) et *curiositas* (curiosité) [3] viennent de là [de *cur*], comme *quaerere* (demander) vient de *quis quaeve* (qui ou quoi ?). Et une fois la raison donnée, s'ils en ont le loisir ou si cela leur semble valoir la peine, ils demandent la raison de la raison, jusqu'à ce qu'ils arrivent – s'ils sont philosophes – à une chose claire, qui soit *nécessaire*,

---

1. Un réquisit est ce sans quoi une chose ne peut être, c'est-à-dire sa cause *sine qua non*. Dans un fragment daté entre l'automne 1671 et le début de l'année 1672, Leibniz donne la démonstration suivante du principe selon lequel « *Rien n'est sans raison*, c'est-à-dire que tout ce qui est possède une raison suffisante. Définition 1. La *raison suffisante* est ce qui, quand elle est posée, fait que la chose est. Définition 2. Le *réquisit* est ce qui, quand il n'est pas posé, fait que la chose n'est pas. Démonstration : tout ce qui est possède tous ses réquisits. Car si un seul n'est pas posé, la chose n'est pas (en vertu de la définition 2). Quand tous les réquisits sont posés la chose est, car si elle n'est pas, il manquera quelque chose qui l'empêche d'être, c'est-à-dire un réquisit. Donc tous les réquisits sont la raison suffisante (en vertu de la définition 1). Donc tout ce qui est possède une raison suffisante » (A VI, 2, 483). « L'agrégat de tous les réquisits est la cause pleine de la chose. Rien n'est sans raison. Car rien n'est sans l'agrégat de tous ses réquisits. » (décembre 1676 ?, A VI, 3, 587). L'influence de Hobbes est ici sensible (voir *De Corpore*, II, 9, § 3 et § 5).

2. Au sens de *s'occuper*, d'*avoir le souci de*. Belaval traduit par « avoir *cure* » (éd. cit., p. 35).

3. « La *curiosité* est la passion (*studium*) de demander ou de dire pourquoi » (C 495).

c'est-à-dire qui soit à elle-même sa raison, ou – s'ils appartiennent au commun des hommes – à une chose commune et déjà connue, à laquelle ils s'arrêtent.

PH. Il en est tout à fait ainsi et même il est nécessaire qu'il en soit ainsi ; autrement les fondements des sciences seront renversés, car de même que la proposition *le tout est plus grand que la partie* est le principe de l'arithmétique et de la géométrie, sciences de la quantité, de même la proposition *rien n'est sans raison* est le fondement de la physique et de la morale, sciences de la qualité ou, ce qui revient au même (puisque la qualité n'est rien d'autre que la puissance d'agir et de pâtir[1]), de l'action, de la pensée bien sûr et du mouvement. Et vous m'avouerez vous-même que le moindre et le plus facile théorème de physique et de morale ne peut pas même être démontré, si l'on n'a pas admis cette proposition, mais encore que l'existence de Dieu repose uniquement sur elle[2].

1. Voir *Éléments du droit naturel* : « la *qualité* est l'attribut qui concerne l'action et la passion » (A VI, 1, 481).

2. Sans être formulé comme tel, le principe selon lequel *rien n'est sans raison* est employé dans la *Profession de foi de la Nature contre les athées* (1668) pour démontrer que les corps ne peuvent avoir ni figure, ni grandeur déterminées, ni aucun mouvement, si l'on ne suppose pas un être incorporel, « l'esprit qui gouverne le monde tout entier », Dieu (A VI, 1, 489-492). Le *Plan des démonstrations catholiques* (1668-1669 ?) annonce explicitement, au chapitre 1, une « démonstration [de l'existence de Dieu] à partir de ce principe : que rien n'est sans raison » (A VI, 1, 494). Cette démonstration est évoquée dans la lettre à Wedderkopf (voir *supra*, p. 78). Elle se trouve notamment exposée dans un texte de 1676, intitulé par les éditeurs *Sur l'existence* (voir A VI, 3, 587), et au début de la conversation avec Sténon (voir *infra*, p. 171-172). Comme l'indique un fragment plus tardif (1686-1687 ?), elle est fondée sur la considération des créatures (A VI, 4-A, 806 ; voir aussi *De l'origine radicale des choses*, 23 novembre 1697, GP VII, 302-303). La *Théorie du mouvement abstrait* (texte rédigé pendant

TH. Vous accordez donc que rien n'est sans raison.

PH. Pourquoi ne l'accorderais-je pas, encore que je ne voie pas à quoi doit aboutir la confirmation laborieuse d'une proposition si claire ?

TH. Encore un peu d'attention et vous ne verrez que trop bien qu'une chaîne emmêlée de difficultés y est liée. Voici en effet un exemple : Judas a été damné.

PH. Qui l'ignore ?

TH. N'est-ce pas pour une raison ?

PH. Ne me demandez pas ce que, vous le savez, j'ai déjà accordé tout à l'heure.

TH. Quelle est donc cette raison ?

l'hiver 1670-1671) fait du principe que *rien n'est sans raison* le principe « le plus noble », « dont les conséquences sont qu'il faut changer le moins possible, qu'entre les contraires il faut choisir le milieu, qu'il faut ajouter *quelque chose* à l'un, pour que quelque chose ne soit pas enlevé à l'autre, et beaucoup d'autres conséquences, qui président aussi à la *science civile* » (A VI, 2, 268). Alors que Hobbes est le premier à avoir démontré que « le tout est plus grand que la partie » (dans *De Corpore*, II, 8, § 25), « fondement de la science de la quantité », Leibniz se présente comme le premier à avoir démontré que *rien n'est sans raison*, « fondement des sciences de l'esprit et du mouvement » (A VI, 2, 480 ; la démonstration qui suit, p. 483, est citée *supra*, p. 90, note 1). Un fragment écrit entre le milieu de l'année 1671 et le début de l'année 1672 donne les définitions suivantes : « La *quantité* est le mode par lequel une chose est pensée comme déterminée, ou plutôt le mode par lequel une chose est pensée comme entière. La figure contient les limites [de la chose], mais, quand la figure est changée, la quantité demeure et la chose peut néanmoins être considérée comme entière. C'est-à-dire que la quantité est l'haeccéité elle-même, par laquelle une chose est pensée comme cette chose. La *qualité* est le mode par lequel une chose est pensée comme capable de changement, c'est-à-dire comme pouvant agir et pâtir ; le mode par lequel une chose est pensée en relation non au sens mais à l'entendement. Car le concept de quantité est la pensée de la relation d'une chose au sens [...] » (A VI, 2, 488-489).

PH. Je pense que c'est l'état dans lequel il était en mourant, à savoir cette haine [1] ardente (*flagrans*) de Dieu qui l'animait quand il est mort et qui fait la nature du désespoir. Or cela suffit à la damnation. Car, comme l'âme, au moment de la mort, ne s'ouvre plus à de nouvelles sensations externes jusqu'à ce qu'un corps lui soit rendu [a], elle s'arrête seulement à ses dernières pensées [b] et de là elle ne change pas, mais aggrave l'état qui était le sien à la mort. Or la haine de Dieu, c'est-à-dire de l'être le plus heureux, engendre la douleur la plus grande, car la *haine* consiste à souffrir de la félicité [de l'être haï] (comme *aimer* est se réjouir de la félicité de l'aimé) et donc, dans le cas de la félicité la plus grande, souffrir le plus. La douleur la plus grande est la misère ou damnation ; *aussi celui qui hait Dieu en mourant se damne-t-il lui-même.*

a. En marge : « [Sténon] Ce n'est qu'une supposition, car pourquoi ne pourrait-elle pas percevoir les conditions du lieu dans lequel elle se trouve ?

[Leibniz] Comment le pourrait-elle, sinon par les sens du corps ? »

b. En marge : « [Sténon] Là encore, ce n'est qu'une supposition, car pourquoi ne pourrait-elle pas voir en même temps toutes les pensées de sa vie entière ? Mais il semble que l'on dise une chose et que l'on veuille en signifier une autre, et qu'il ne faille rapporter ces « dernières pensées » à rien de plus qu'à ceci : à savoir qu'une fois cette chose étendue [le corps] dissoute et dès lors que cesse le mouvement ordonné, toutes les pensées cessent ; à savoir qu'une fois dissoute la combinaison des éléments [corporels] il n'y a plus d'idées (*opiniones*). Mais combien y a-t-il de suppositions dans ce système ? Quelle est cette manière de philosopher ?

[Leibniz] C'est chicaner contre ce que pense manifestement l'auteur. »

1. « Qui meurt donc en état de péché mortel, meurt dans un état d'opposition, de rébellion, d'hostilité volontaires à l'égard de Dieu. Et qui est saisi [par la mort] en cet état s'y affermit de plus en plus. » (*Plan des démonstrations catholiques*, A VI, 1, 498, c. 40). Voir aussi *Examen de la religion chrétienne* [*Système théologique*] (avril-octobre 1686 ?), A VI, 4-C, 2360.

TH. Mais d'où vient en lui cette haine de Dieu, c'est-à-dire ce souhait ou cette volonté de nuire à Dieu ?

PH. D'où, sinon de ce qu'il croit que Dieu est malveillant à son égard ou le hait ? En effet, par un admirable secret de la providence, les choses ont été disposées de telle sorte que Dieu nuise seulement à ceux qui le craignent servilement ou qui présument qu'il leur sera nuisible[a], comme, au contraire, quiconque croit avec constance qu'il est élu, c'est-à-dire cher à Dieu, (parce qu'il aime Dieu avec constance) fait qu'il est élu[b].

TH. Pourquoi [Judas] a-t-il cru que Dieu lui voulait du mal ?

PH. Parce qu'il se savait rebelle et il croyait Dieu tyran ; il savait qu'il avait chuté et il croyait qu'il n'obtiendrait pas son pardon ; il se savait coupable et il croyait Dieu cruel ; il se savait malheureux, il croyait Dieu injuste.

a. En marge : « [Sténon] Là encore, ce n'est qu'une supposition, puisque, à l'inverse, presque tous les hommes, au commencement de leur conversion, craignent Dieu de manière servile et présument au moins pour un temps qu'il leur nuira, et cependant ils sont conduits par cette voie à une parfaite confiance en son amour.

[Leibniz] Tous ceux qui craignent Dieu de manière servile ne l'aiment pas, bien loin d'être encore en état de grâce. Ce n'est donc pas par cette voie qu'ils sont conduits au salut. »

b. En marge : « [Sténon] Rien ne pourrait être mieux dit en faveur du dogme luthérien de la foi seule, mais je souhaiterais que cela soit prouvé philosophiquement. J'ai en effet vu des hommes menant des vies mauvaises, se croyant avec beaucoup de constance élus et que tout le monde aurait cru à bon droit damnés, s'ils étaient morts dans cet état.

[Leibniz] Ici aussi il y a une équivoque : personne ne peut se croire réellement cher à Dieu, si Dieu ne lui est pas cher. Ajoutez qu'il ne suffit pas que quelqu'un se croie cher à Dieu, s'il ne se croit pas cher à Dieu parce qu'il aime Dieu. »

TH. Vous pouviez dire plus brièvement qu'il fut en même temps *repentant* [1] *et désespéré*. Mais d'où lui est venu cet état d'esprit ?

PH. Je vois que vos questions seront sans fin. En lui se trouvaient le repentir, parce qu'il avait la conscience de lui-même, et le désespoir, parce qu'il ignorait Dieu : il savait qu'il avait péché et il croyait que Dieu le punirait. Il savait qu'il avait péché, parce que Dieu l'avait doté d'un esprit et parce que c'était vrai. Il avait péché en trahissant son Maître, parce qu'il l'avait pu et voulu. Il l'avait pu parce que Dieu lui avait donné ce pouvoir. Il l'avait voulu parce qu'il avait jugé que cela était bon.

TH. Mais pourquoi a-t-il jugé bon ce qui était un mal ? De même, pourquoi ayant découvert son erreur est-il tombé dans le désespoir ?

PH. Il faut ici remonter aux causes de son opinion, car le désespoir aussi est une opinion. Toute opinion a deux causes : la complexion (*temperamentum*) de celui qui a l'opinion et la disposition de l'objet. Je n'ajoute pas une autre opinion préexistante, parce que les opinions premières se réduisent finalement à l'objet, à la disposition de l'âme et à la complexion du corps, c'est-à-dire à l'état de la personne et aux circonstances de la chose. Aussi la raison exacte de cette opinion fausse en Judas ne peut-elle être donnée, si l'on n'a pas considéré chaque état de son esprit – qui a été modifié par les objets – jusqu'à la première complexion qu'il avait à la naissance.

TH. Ici je vous tiens. Le péché vient de la puissance et de la volonté. La puissance vient de Dieu, la volonté de l'opinion, l'opinion à la fois de la complexion et de l'objet. Complexion et objet viennent de Dieu ; donc tous les

---

1. Allusion à Matthieu 27, 3.

réquisits du péché viennent de Dieu ; donc Dieu est la raison dernière du péché comme de toutes les autres choses, par conséquent aussi de la damnation [a]. Vous voyez ce qui suit de ce théorème : *Rien n'est sans raison*. Vous l'avez dit vous-même assurément : toutes les choses qui ne sont pas à elles-mêmes leur raison d'être, comme sont le péché et aussi la damnation, doivent être ramenées à une raison et à la raison de cette raison, jusqu'à ce qu'elles soient ramenées à ce qui est à soi-même sa raison, c'est-à-dire à l'être par soi ou Dieu. Et ce raisonnement revient exactement à une démonstration de l'existence de Dieu.

PH. Je reconnais la difficulté. Je vais rassembler mes esprits un instant et reprendre haleine.

TH. Maintenant allez-y. Avez-vous enfin, cher ami, trouvé quelque chose [à répondre] ? C'est que votre visage soudain plus gai annonce je ne sais quoi de joyeux et d'animé.

PH. Pardonnez cette attente. Elle n'a pas été sans fruit. Car, pour ma part, si jamais j'ai bien appris quelque chose

a. En marge : « [Sténon] Mais parmi tous les réquisits nécessaires pour que Judas soit damné, si l'on pose en Judas la volonté libre, prévue par Dieu, de vendre le Seigneur, quand il aurait pu ne pas le vendre, la permission de Dieu concourt certes aux réquisits nécessaires, mais la raison dernière sera cette même volonté libre prévue ou de trahir ou d'être négligent, par laquelle il a librement dédaigné la pratique de la mortification que prescrivait le Maître, touchant les principes pour être admis [comme disciple]. De là l'avarice, qu'il n'avait pas mortifiée et que blâmait le Maître, associée à un esprit de vengeance, a finalement engendré la trahison.

[Leibniz] ~~Ridicule~~ L'auteur a bien plutôt posé parmi les réquisits la volonté, mais il a cherché les réquisits de la volonté elle-même. C'est pourquoi il est absurde que la volonté libre soit la raison dernière, puisque cette même volonté libre a ses propres réquisits, car elle n'est pas un être par soi. »

de l'expérience d'aujourd'hui, [c'est que] si l'on se tourne
vers Dieu ou, ce qui revient au même, si l'on se détourne
des sens et ramène l'esprit en lui-même, si l'on se porte
vers la vérité avec sincérité (*sincero affectu*), les ténèbres
s'écartent comme sous l'effet d'une lumière inattendue et
au milieu de la nuit, à travers l'épaisse obscurité, un chemin
apparaît.

TH. Ce sont là les paroles d'un adepte [1].

PH. Je vous fais juge de ce que je vais avancer. Je ne
peux nier que Dieu soit la raison dernière des choses et,
par conséquent, qu'il le soit aussi de l'acte qu'est le péché.

TH. Si vous concédez cela, vous avez tout concédé.

PH. N'allez pas si vite ! Non, dis-je, je ne peux le nier,
parce qu'il est certain que, si Dieu est supprimé, la série
entière des choses est supprimée, s'il est posé, elle est
posée [a] et avec elle ces créatures qui ont été ou seront, ces
actes bons et mauvais des créatures, et par conséquent les
péchés en elles. Et cependant je nie que les péchés
proviennent de la volonté de Dieu.

TH. Vous voulez donc que les péchés arrivent non
parce que Dieu le veut mais parce qu'il est.

---

a. En marge : « [Sténon] Dieu étant posé, il est certain qu'est posée
la série entière des choses etc., en tant qu'elles sont dans l'idée de Dieu,
c'est-à-dire en tant que possibles ; mais, en tant qu'existant en acte, cela
n'est pas certain, puisque l'auteur n'a pas encore démontré qu'il n'y a
pas d'autres séries possibles des mêmes choses, bien moins encore qu'il
n'y a pas des séries possibles d'autres choses.

[Leibniz] C'est comme si l'on disait que Dieu n'est pas la cause
suffisante des choses. Des séries d'autres choses sont possibles en soi,
mais elles ne sont pas compossibles avec la sagesse divine. »

1. Terme utilisé par les alchimistes pour désigner celui qui est
parvenu au « grand œuvre », c'est-à-dire à la pierre philosophale.

PH. Vous avez deviné juste : à savoir que Dieu, bien
qu'il soit la raison des péchés, n'en est pas cependant
l'auteur, et, s'il était permis de parler en langage scolastique, que la cause physique dernière des péchés comme
de toutes les créatures est en Dieu, la cause morale dans
celui qui pèche[1]. C'est ce que, je crois, voulaient signifier
ceux qui ont dit que la substance de l'acte vient de

1. Élaborée à l'époque de ce qu'il est convenu d'appeler la
« seconde Scolastique » (à partir du XVIe siècle), cette distinction est
devenue courante dans les manuels de philosophie et de théologie –
voir par exemple le *Compendium Metaphysicae* de Daniel Stahl (1655)
que Leibniz, étudiant, annote (A VI, 1, 27). Suárez divise ainsi la
cause efficiente en physique et morale. Prise généralement, la cause
physique est « la cause influant vraiment et réellement sur l'effet ».
L'« influence (*influxus*) physique » désigne « ce qui se fait par une
causalité véritable, réelle, propre et par soi, et [c'est] de cette manière
[que] Dieu est une cause physique quand il crée, l'ange quand il produit
(*efficit*) un mouvement, ou dans le ciel ou aussi sur lui-même, l'intellect
quand il produit une intellection, la volonté une volition, et ainsi du
reste ». Si l'on met à part le cas où moral est pris comme synonyme de
« libre », la cause *morale* « n'est pas par soi vraiment efficiente (*efficit*),
mais se comporte moralement, de telle sorte qu'on lui impute l'effet ».
Ainsi en est-il du conseil, de la sollicitation, des prières, de tout ce
qui porte à agir ou à s'abstenir. Par conséquent, « on dit que la cause
physique est celle qui est vraiment efficiente (*efficit*), la cause morale
celle qui est efficiente seulement imputativement ». Pour Suárez, cette
division se ramène à celle entre cause *par soi* et cause *par accident*,
car ce qui est dit de la cause efficiente physique vaut pour la cause par
soi, alors que « la cause qui cause moralement seulement c'est-à-dire
imputativement, considérée physiquement, est seulement une cause
par accident, puisqu'elle n'influe pas par soi ni vraiment » (*Disputes
métaphysiques*, XVII, sect. II, 6 ; *Opera Omnia*, t. XXV, Paris, L. Vivès,
1861, p. 585). Suárez soutient, comme d'autres scolastiques, que Dieu
n'est pas la cause morale du péché, lequel est imputable seulement à
la volonté de la créature. Il n'en est pas non plus la cause physique, si
l'on considère la nature privative du péché, puisqu'une privation (ou
un défaut) ne requiert pas la puissance de Dieu pour être produite – sa

Dieu et non pourtant sa malignité, quoiqu'ils aient été incapables d'expliquer comment la malignité ne résultait pas de l'acte [1]. Ils auraient mieux fait de dire que Dieu, à l'exception de la volonté, contribue en tout au péché et par conséquent qu'il ne pèche pas. Mon sentiment est donc que les péchés ne sont pas dus à la *volonté* mais à l'*entendement* de Dieu, ou, ce qui revient au même, aux idées éternelles, c'est-à-dire à la nature des choses, afin que l'on n'imagine pas qu'il y ait deux principes des choses et deux dieux ennemis l'un de l'autre, l'un du bien, l'autre du mal [2].

TH. Je suis étonné par ce vous racontez là.

PH. Mais je ferai en sorte que vous reconnaissiez que cela est vrai. Je donnerai un exemple, de façon à rendre mon discours plus clair et plus digne de foi. Que trois fois trois fassent neuf, à quoi, je vous prie, pensons-nous devoir

---

cause est déficiente et non efficiente. On peut dire cependant que Dieu cause physiquement l'*acte* du péché, en tant qu'il donne à la créature la force d'agir et concourt à son action mauvaise, à considérer ce que celle-ci contient, pour ainsi dire matériellement, d'entité positive (voir *Disputes métaphysiques*, XI, sect. III, 21-22 ; *De auxiliis Gratiae in generali* [...], III, chap. 46 ; *Opuscule* I, livre II, chap. 3).

1. Selon Thomas d'Aquin, le péché, en tant qu'acte, contient une réalité et, à ce titre, procède de Dieu comme de sa cause première ; mais ce qu'il a de difforme et de désordonné procède du libre arbitre de la créature (voir *De la puissance*, q. 3, a. 6 ad 20 ; *Du mal*, q. 3, a. 2 co.). Il en est ici comme de la claudication : celle-ci est un défaut qui est « ramené à la courbure de la jambe, comme à sa cause et non à la faculté motrice, dont vient cependant tout ce qu'il y a de mouvement dans la claudication. Ainsi Dieu est cause de l'acte du péché et cependant n'est pas cause du péché, parce qu'il n'est pas cause de ce que l'acte contient un défaut » (*Somme théologique*, Ia IIae, q. 79, a 2. co.).

2. Comme le croient les manichéens dont il va être question plus loin (p. 104). Sur Mani ou Manès, voir *supra* : *De la toute-puissance et de l'omniscience de Dieu*, p. 52, note 2.

l'imputer, à la volonté divine ?[a] Que dans un carré la diagonale soit incommensurable au côté, jugerons-nous que c'est Dieu qui l'a décrété ?

TH. Je ne le crois pas, si nous sommes sensés : car autrement on ne peut pas comprendre ce que signifie neuf et trois, le carré ou le côté, ou la diagonale. Ces noms en effet ne renverront à aucune chose, de même que si l'on disait *Blitiri* ou *Vizlipuzli*[1].

PH. Il faut donc attribuer ces théorèmes à la nature des choses, à savoir à l'idée du neuf ou du carré et à l'entendement divin, dans lequel se trouvent les idées des choses de toute éternité. C'est dire que Dieu n'a pas fait ces choses en les voulant, mais en les comprenant et les a

a. En marge : « [Sténon] Une chose est que trois fois trois fassent neuf, c'est-à-dire que toutes les parties d'un même tout, prises ensemble, qu'on les considère soit comme neuf, soit comme trois fois trois, fassent le même tout, une autre est que ce tout, quel qu'il soit, soit divisé en acte en neuf, ou en trois fois trois, ou autrement. Dieu voit la première chose parce qu'il est, la deuxième existe parce qu'il le veut.

[Leibniz] Il n'est pas ici question de quelque chose d'actuel, mais de l'harmonie abstraite. Mais il suit après de cette dernière quelque chose de déterminé, à savoir qu'une chose est meilleure qu'une autre. Ce qui n'est pas non plus parce que Dieu le veut, mais parce que Dieu le contemple ainsi ; et de là enfin la chose existe, parce que Dieu le veut. Or Dieu veut cette chose parce qu'il voit qu'elle est la meilleure, c'est-à-dire la plus harmonique. »

1. Selon Diogène Laërce (*Vies, doctrines et sentences des philosophes illustres*, VII, 1, 57), *Blituri* est employé par Diogène de Babylone comme exemple de mot dépourvu de sens (à la différence du discours – λόγος – qui signifie toujours quelque chose). Leibniz exclut de la science du pensable en général « un nom sans notion, c'est-à-dire ce qui est nommable mais n'est pas pensable, comme *Blitiri* que les scolastiques prennent comme exemple » (A VI, 4-A, 528). *Vizlipuzli* est le nom d'une divinité aztèque. *Le Grand dictionnaire historique* […] de Louis Moréri la décrit comme une « idole affreuse, qui avait la tête d'un lion, des ailes de chauve-souris, des pieds de chèvre, et que les habitants du Mexique adoraient » (édition de 1733, t. VI, p. 963).

comprises en existant. Car s'il n'y avait pas de Dieu, toutes choses seraient simplement impossibles, le neuf et le carré au même titre que le reste. Vous voyez donc qu'il est des choses dont Dieu est la cause non par sa *volonté* mais par son *existence*.

TH. Je le vois, mais j'attends avec avidité et étonnement de voir sous quel aspect les péchés peuvent désormais être considérés.

PH. Vous allez vous rendre compte que je ne me suis pas éloigné pour rien du sujet. Car de même que trois fois trois font neuf n'est pas dû à la volonté mais à l'existence de Dieu, de même il faut imputer à cette même existence le fait que le rapport de trois à neuf est celui de quatre à douze. En effet, tout rapport, proportion, analogie, proportionnalité vient non de la volonté mais de la nature de Dieu, ou, ce qui revient au même, de l'idée des choses.

TH. Et après?

PH. S'il en est ainsi du rapport ou de la proportion-nalité, alors il en est ainsi également de l'*harmonie* et de la *discordance*. En effet, elles consistent dans le *rapport de l'identité à la diversité*, [a] car l'harmonie est l'unité dans un grand nombre de choses, unité la plus grande dans le plus grand nombre de choses et quand ces choses, désor-données en apparence, sont ramenées, d'une manière admirable et de façon inattendue, au plus grand accord (*concinnitas*) [1].

a. « rapport qu'il faut juger dissonant si les choses sont inégales, harmonique si elles sont compensées par une certaine égalité, en vertu de la définition posée au début. » [raturé]

1. Cf. *Éléments du droit naturel* (deuxième moitié de l'année 1671?), A VI, 1, 479 : « L'harmonie est plus grande quand la diversité est plus grande et cependant réduite à l'identité. (Car il ne peut pas y avoir de degrés dans l'identité, mais dans la variété) ». Voir aussi A VI, 4-B, 1359 (passage cité *supra*, p. 85, note 2).

TH. Je vois seulement maintenant vers où vous allez. À savoir : que les péchés arrivent comme le veut l'harmonie universelle des choses, qui distingue la lumière par les ombres ; mais que l'harmonie universelle ne provient pas de la volonté de Dieu mais de son entendement ou de l'idée, c'est-à-dire de la nature des choses. Donc que les péchés doivent être rapportés à la même cause ; par conséquent, que les péchés suivent non de la volonté mais de l'existence de Dieu[a].

PH. Vous avez vu juste. Car les choses ont été disposées de telle sorte que, si les péchés avaient été supprimés, la série entière des choses aurait été tout autre. Si la série des choses est supprimée ou changée, la raison dernière des choses, c'est-à-dire Dieu, sera par ce moyen aussi supprimée et changée. Il est en effet aussi impossible que de la même raison et d'une raison suffisante et entière comme l'est Dieu à l'égard de l'univers[b], résultent des conséquences

a. En marge : « [Sténon] Une chose est de pouvoir composer, à partir de tel mélange de vertus et de vices, telle série de tel ensemble ou tout, une autre est d'imposer à chaque individu en particulier, ou de permettre à ceux qui le veulent, d'avoir une vertu et un vice particuliers. De même, une chose est de pouvoir composer, à partir de tel mélange de consonances et de dissonances, une harmonie, une autre est de prescrire à chaque personne en particulier ses consonances et ses dissonances, qui les accepte volontairement, une autre encore de les distribuer au moyen d'instruments réglés mécaniquement, de sorte qu'une fois la première impulsion donnée, la série entière en découle, quand aucun de ces instruments n'est doué de volonté, etc.

[Leibniz] Comme si la volonté n'était pas elle-même un instrument, non certes mécanique, mais parfaitement réglé. La série entière des choses, si elle est la meilleure ainsi, contient déjà en elle les vertus et les vices de chacun. »

b. En marge : « [Leibniz] L'univers est en quelque sorte l'image de Dieu, celle-ci seulement est unique.

[Sténon] On fait bien d'ajouter *en quelque sorte* ; ensuite, comme on n'a pas encore démontré que l'univers est l'image de Dieu, on ne peut rien inférer de là. »

opposées, c'est-à-dire que du même suive le différent, que le même soit le différent. Car si à la même [quantité] vous ajoutez, [puis] soustrayez la même [quantité], vous obtiendrez la même [quantité]. Or qu'est-ce qu'un raisonnement sinon l'addition et la soustraction de notions [1] ? Si quelqu'un résiste encore, la démonstration permettant de vaincre son entêtement est toute prête. En effet, que Dieu soit désigné par A et cette série de choses par B. Maintenant si Dieu est la raison suffisante des choses, c'est-à-dire l'être par soi et la cause première, il s'ensuivra que, Dieu étant posé, cette série de choses existe [a], sinon Dieu n'en serait pas la raison suffisante, mais quelque chose d'autre,

a. En marge : « [Sténon] Si Dieu n'est rien d'autre que tous les réquisits de l'existence de cette série pris ensemble, l'argument vaut, mais il n'a pas encore été démontré. Mais si, dans l'idée de Dieu, il y a aussi d'autres séries infinies de ces choses et des séries d'autres choses, il ne vaut pas. Par conséquent, il ne suit pas de ce que Dieu est posé que cette série de ces choses soit posée, parce que d'autres peuvent être posées. Pour cette raison, on nie que cette série soit nécessairement posée, non comme si quelque chose d'autre, indépendant de Dieu, était requis, mais parce qu'il aurait pu se faire que, cette série n'ayant pas été posée, une autre le fût. Par conséquent, il n'est pas vrai que si A est, B est aussi, mais que C ou D, etc. peuvent être. Il est bien moins vrai que si B n'est pas, A ne sera pas non plus. Au contraire, si nous distinguons entre les idées des choses et les choses existant en acte, en dehors de ces idées, il s'ensuit certes que, A étant posé, toutes les séries possibles de choses sont posées dans l'idée de Dieu, mais il ne s'ensuit pas que telle série plutôt que telle autre soit nécessairement posée en acte, en dehors des idées, ou même qu'une série soit posée.

[Leibniz] Une série est posée parce que Dieu est posé, pour cette raison seulement que Dieu, très sage, ne veut que le meilleur. Toutes les séries possibles sont dans l'idée de Dieu, mais une seule en tant qu'elle est la meilleure (*sub ratione optimae*). »

1. Voir la définition du raisonnement comme calcul (*computatio*) donnée par Hobbes in *De Corpore*, I, 1, § 2 : « Raisonner est donc la même chose qu'additionner et soustraire [...] ». Leibniz y fait explicitement référence dans *De l'Art combinatoire* (1666), A VI, 1, 194.

un réquisit indépendant de Dieu, devrait être ajouté pour
faire que *cette* série de choses existe. Il s'ensuivrait plusieurs
principes des choses, comme le croient les manichéens,
et ou bien il y aurait plusieurs dieux, ou bien Dieu ne serait
pas le seul être par soi et la première cause – hypothèses
que je suppose être l'une et l'autre fausses. Il faut donc
juger que Dieu étant posé, cette série de choses s'ensuit
et, par conséquent, qu'est vraie cette proposition : *si A est,
B sera aussi.* Maintenant il est établi, par les règles logiques
du syllogisme hypothétique, que la conversion a lieu par
contraposition et que l'on peut inférer de là : *si B n'est
pas, A ne sera pas non plus.* Il s'ensuivra donc que cette
série de choses, à savoir celle qui comprend les péchés,
étant supprimée ou changée, Dieu sera supprimé ou changé ;
ce qu'il fallait démontrer. Donc les péchés, étant compris
dans cette série entière de choses, sont dus aux idées
mêmes des choses, c'est-à-dire à l'existence de Dieu : la[1]
poser c'est les poser, les supprimer c'est la supprimer.

　　TH. Je reconnais que la démonstration est aussi solide
que l'acier et que, pas plus que la démonstration de
l'existence de Dieu, elle ne saurait être attaquée avec raison
par un mortel. Mais voyez s'il ne s'ensuit pas, d'une part,
que *tout le reste des choses* aussi, y compris les biens, ne
doivent *être attribués*, comme les péchés, *non à la volonté
de Dieu, mais à sa nature*, ou ce qui revient au même, à
l'harmonie des choses ; d'autre part, que *les péchés ne
soient nécessaires.*

　　PH. Je m'occuperai [d'abord] de répondre à la *première
objection*, afin de lever après plus facilement la seconde.
Pourquoi Dieu veut-il une chose ? Je réponds donc que ce
n'est pas sa volonté qui est en cause (car personne ne veut
parce qu'il veut, mais parce qu'il pense que la chose en

---

1. Le pronom (*haec*) renvoie à l'existence de Dieu.

vaut la peine), mais la nature des choses elles-mêmes, qui est contenue dans leurs idées mêmes, c'est-à-dire dans l'essence de Dieu. Mais *pourquoi Dieu fait-il une chose ?* Il y a deux causes à cela (comme toujours aussi dans le cas des actions des autres esprits), à savoir parce qu'il le veut et parce qu'il le peut [1]. Or les péchés ne sont pas du nombre de ces choses que Dieu veut ou fait, parce qu'il ne les trouve pas bons, considérés isolément ou par soi ; mais ils sont du nombre de ces choses que Dieu voit survenir, à titre de conséquence, dans l'harmonie totale des choses la meilleure qu'il ait choisie, et parce que dans la série totale de l'harmonie leur existence est compensée par de plus grands biens. Pour cette raison, il les tolère ou les admet, bien qu'il les eût éliminés, s'il avait été possible, absolument, de le faire ou de choisir une autre série de choses meilleure sans eux. Or il ne faut pas dire qu'il permet mais qu'il veut la série entière [des choses] et les péchés aussi, dans la mesure où ils ne sont pas regardés distinctement en eux-mêmes, mais mêlés à la série entière. Car l'harmonie universelle, dont l'existence seule réjouit Dieu absolument, est ce qui affecte (*affectio*) non les parties, mais la série tout entière. À l'exception des péchés, Dieu se réjouit de tout le reste, même des parties considérées en soi. Cependant, pour cette raison, la série universelle ne le réjouirait pas davantage si les péchés y manquaient, mais plutôt moins, parce que cette harmonie même du tout devient source de plaisir par les dissonances qui s'y trouvent introduites et admirablement compensées.

1. Voir *Du Franc arbitre* (été 1678 à hiver 1680-1681 ?) : « [...] *on ne manque jamais d'agir, lorsqu'on veut et lorsqu'on peut à la fois*. Car quand on fait effort, l'action s'ensuit nécessairement quand il n'y a point d'empêchement, c'est-à-dire quand on peut. C'est donc un axiome des plus constants et des plus assurés, que de la volonté et de la faculté l'action ne manque pas de suivre » (A VI, 4-B, 1407).

TH. Vos principes me plaisent beaucoup. Par eux, vous montrez ainsi suffisamment qu'il faut dire que Dieu est la *raison* de tous les existants, mais qu'il n'en est pas l'*auteur*, à l'exception des choses qui, aussi considérées en soi, sont bonnes. Mais, pour en revenir à la *seconde objection*, voyez maintenant s'il ne s'ensuit pas que *les péchés ne soient nécessaires*. En effet, puisque l'existence de Dieu est nécessaire et que les péchés résultent de l'existence de Dieu ou des idées des choses, les péchés aussi seront nécessaires. Car tout ce qui suit du nécessaire est nécessaire.

PH. Par le même argument, vous aurez conclu que toutes choses sont nécessaires, y compris que je vous parle et que vous m'écoutez, car cela aussi est compris dans la série des choses, et par conséquent que la contingence est supprimée de la nature des choses, contrairement à la manière de parler reçue de tout le genre humain.

TH. Mais si un stoïcien, partisan de la fatalité, vous l'accordait?

PH. Il ne faut pas l'accorder, car cela est contraire à l'usage des mots, bien que, en y joignant une explication, on puisse assouplir cet usage, dans le sens où même le Christ a dit : *il faut*, c'est-à-dire il est nécessaire, *que les scandales arrivent*[1]. Or les scandales sont assurément des péchés. Car, comme il le dit ensuite, *Malheur à celui par qui ils arrivent*. Si donc les scandales sont nécessaires, ce *malheur à* aussi, c'est-à-dire la damnation, sera nécessaire. Mais dans la conversation courante, il faut s'abstenir de telles conséquences. Car on n'est pas libre de détourner à sa guise l'usage des mots dans les choses qui ont trait à la vie, afin qu'il ne s'ensuive pas des choses dures et scandaleuses à l'oreille, qui troublent les hommes ignorant un sens moins usuel.

1. Voir Matthieu, 18, 7 ; Luc 17, 1.

TH. Mais que répondrez-vous à l'objection?

PH. Ce que je répondrai? Seulement que toute la difficulté naît d'un sens détourné des mots. De là le labyrinthe inextricable, de là le fléau qui ravage notre bien [1], parce que les langues de tous les peuples ont détourné en divers sens les termes de nécessité, de possibilité comme aussi d'impossibilité, de volonté, d'auteur et d'autres de ce genre, par une sorte de sophisme universel. Et pour que vous ne pensiez pas qu'en disant cela j'use d'échappatoires, je vous donnerai une preuve évidente [du contraire]. Renoncez seulement à ces termes dans toute la discussion (je crois en effet que s'ils avaient été interdits par un édit, les hommes pourraient même sans eux exprimer les pensées de l'esprit) et, chaque fois qu'il le faut, remplacez-les par leurs significations ou définitions. Je parierai alors avec vous ce que vous voulez que, à l'instant, comme sous l'effet d'un exorcisme et comme si l'on approchait un flambeau, les ténèbres disparaîtront entièrement, que toutes les difficultés, telles des spectres et des fantômes, s'évanouiront en de légères vapeurs. Vous disposez là d'un *secret qui n'est pas ordinaire* et d'une ordonnance pour remédier aux erreurs, abus, scandales, que ni Valerius Cordus [2], ni Zwelfer [3], ni aucun autre auteur de dispensaire [4]

---

1. « fundi nostri calamitas » : citation de Térence, *Eunuque*, I, 1, 34.

2. Valerius Cordus (1515-1544), médecin, chimiste et botaniste allemand, est l'auteur d'un *Pharmacorum conficiendorum ratio. Vulgo vocant dispensatorium* […] (Paris, 1548).

3. Johann Zwelfer (1618-1668), médecin et chimiste allemand, auteur d'une *Pharmacopœia Regia, seu Dispensatorium novum, vera et accurata componendi ratione selectissimorum medicamentorum praescriptiones continens* (Vienne, 1652).

4. Un dispensaire (*dispensarium*) est un recueil contenant la description de médicaments et les formules des préparations officinales.

n'aurait pu vous prescrire. Urbanus Regius[1] a écrit un jour *Sur les règles à suivre pour parler avec prudence*. Sachez donc que presque tous les préceptes de cet art sont contenus dans ce seul procédé.

TH. Une question si importante peut-elle être réglée avec si peu d'effort ?

PH. Considérez-moi comme un oracle. Il y a souvent des mots qui nous bouleversent, nous affligent, nous déchirent, nous irritent, nous aigrissent. Si je vous disais : « Monsieur, vous affirmez sciemment quelque chose qui me porte préjudice et que vous savez être autrement », je ne crois pas que vous vous indigneriez beaucoup, mais vous passeriez facilement sur la liberté que je prends en vous disant cela. Mais si je m'écriais que vous mentez (alors que *mentir* n'est rien d'autre que dire sciemment quelque chose de faux qui est préjudiciable, c'est-à-dire injuste), Dieu immortel, quelle tempête déclencheriez-vous ! Ainsi, si quelqu'un dit : « les péchés sont nécessaires, Dieu est la cause du péché, Dieu veut la damnation de plusieurs ; il était impossible que Judas fût sauvé, etc., il ira assurément en Enfer. » Dites plutôt : « puisque *Dieu est la raison dernière des choses*, c'est-à-dire la raison suffisante de l'univers, et par conséquent que la raison de l'univers est sans conteste la plus rationnelle – ce qui est conforme à la suprême beauté, c'est-à-dire à l'harmonie universelle (car toute harmonie universelle est suprême) – et puisque l'harmonie la plus exquise demande que la discordance la plus confuse soit ramenée à l'ordre, pour ainsi dire de façon inattendue, que les ombres fassent ressortir la peinture, que l'harmonie se réalise en une

1. Ou Rhegius, réformateur allemand (1489-1541), auteur de *Formulae quaedam caute et citra scandalum loquendi de praecipuis Christianae doctrinae locis* […] (Wittemberg, 1535).

consonance au moyen de dissonances [s'ajoutant] aux dissonances (comme deux nombres impairs font un nombre pair), que les péchés s'infligent à eux-mêmes leurs peines (ce qui est remarquable), il s'ensuit que, une fois posé Dieu, existent les péchés et les peines des péchés[a]. Mais dire que cela arrive nécessairement, que Dieu le veut et en est l'auteur est imprudent, inapproprié, faux eu égard à celui qui parle, à celui qui entend et à celui qui comprend.

TH. Vous avez vraiment trouvé là un merveilleux secret pour sortir de tant de difficultés, et il n'y a pas lieu de vous obliger à aller plus loin. Néanmoins, si cela est possible, faites avec les termes que vous avez exclus ce que vous avez réussi à montrer sans eux.

PH. Je le ferais, s'il était en mon pouvoir d'amener les hommes à ne pas utiliser les mots autrement que dans l'intérêt de l'honneur divin et de leur propre tranquillité.

TH. Mais essayez quand même.

PH. J'essayerai, mais à cette condition [1] : que tout ce que je dirai touchant l'explication de ces termes, dont j'ai montré que nous pouvions entièrement nous passer, soit considéré, pour ainsi dire d'un commun accord, comme superflu, nullement obligatoire ou encore captieux.

TH. J'accepte cette condition.

---

a. En marge : « [Sténon] [il s'ensuit qu'il] peut exister des [êtres] qui peuvent résister librement à sa volonté et y résisteront effectivement, tant et si bien qu'ils seront contraints de subir le châtiment de leur désobéissance. »

1. La condition mise ici n'est pas de pure forme : elle indique une méfiance persistante à l'égard des termes scolastiques (source perpétuelle de confusion et d'erreur). Les définitions qui vont suivre ne sauraient donc être interprétées comme une réhabilitation de ce vocabulaire. Il s'agit plutôt de retranscrire dans le langage de l'École une thèse parfaitement démontrée sans son moyen.

PH. J'appellerai donc *nécessaire* ce dont l'opposé
implique contradiction, ou ne peut être clairement conçu
(*intelligi*)[1]. Ainsi, il est nécessaire que trois fois trois fassent
neuf, mais il n'est pas nécessaire que je parle ou que je
pèche[a]. Je peux en effet être conçu comme étant *moi* sans
être conçu comme *parlant*, mais concevoir que trois fois
trois ne fassent pas neuf, c'est concevoir que trois fois trois
ne soient pas trois fois trois, ce qui implique contradiction,
comme le montre le *dénombrement* (*numeratio*), c'est-
à-dire la réduction des deux termes à leur définition, à
savoir aux unités. Sont *contingentes* les choses qui ne sont
pas nécessaires. Sont *possibles* les choses dont la non-
existence n'est pas nécessaire. Sont *impossibles* les choses
qui ne sont pas possibles, ou plus brièvement : est *possible*
ce qui peut être conçu, c'est-à-dire (pour ne pas employer
le mot *peut* dans la définition du possible) ce qui est
clairement conçu par un esprit attentif. Est *impossible* ce
qui n'est pas possible. Est *nécessaire* ce dont l'opposé est
impossible, *contingent* ce dont l'opposé est possible. *Vouloir*

a. En marge : « [Sténon] Qu'est-ce que cela peut faire que cela
ne m'apparaisse pas nécessaire, si en fait c'est nécessaire, vu encore
que je suis nécessairement déterminé au péché par l'objet et par ma
complexion, et conformément à l'idée de Dieu ? Une chose est de pécher
nécessairement parce que Dieu a prévu que je choisirai librement le
péché, une autre est de pécher [nécessairement] parce que j'ai été obligé
de pécher sans l'avoir choisi.

[Leibniz] Une chose est le nécessaire, une autre est le certain, comme
les futurs prévus par Dieu. Je ne suis pas déterminé nécessairement.
Mais, que cette certitude naisse de l'idée de Dieu ou bien de la prescience
de Dieu, qu'est-ce que cela change ? Si la liberté s'oppose à la certitude,
rien n'est libre ; ce qui est absurde. »

1. Voir *De la toute-puissance et de l'omniscience de Dieu*, p. 60
et note 1.

est se réjouir de l'existence de quelque chose.[a] *Ne pas vouloir* est souffrir de l'existence de quelque chose, ou se réjouir de sa non-existence. *Permettre* n'est ni vouloir ni ne pas vouloir et cependant savoir. Être *auteur*, c'est par sa volonté être la raison d'une autre chose[1]. Ces définitions étant ainsi posées, j'oserais affirmer que, par aucune torture exercée sur leurs conséquences, on ne pourra en tirer quelque chose d'un tant soit peu déshonorant pour la justice divine.

TH. Que répondez-vous alors à l'argument avancé ci-dessus ? à savoir que l'existence de Dieu est nécessaire, que les péchés compris dans la série des choses en résultent, que ce qui suit du nécessaire est nécessaire ; donc que les péchés sont nécessaires.

PH. [b] Je réponds qu'il est faux que tout ce qui suit de ce qui est nécessaire par soi soit nécessaire par soi. Certes, il est établi que de propositions vraies ne suit que le vrai. Cependant, puisque de propositions purement universelles peut suivre une proposition particulière, comme

a. En marge : « [Sténon] Comme si les actes de la volonté ne pouvaient être distingués de la perception du plaisir et de la douleur.

[Leibniz] Si [mon contradicteur] comprenait la nature de la volonté, il reconnaîtrait qu'elle contient cette perception. »

b. En marge [supprimé] : « La réponse sera plus claire et plus distincte si nous disons, d'un commun accord, entendre par nécessaire ce dont l'existence suit de l'essence. Et de cette façon ~~les essences des choses, leurs propriétés et l'exclusion des contradictoires sont nécessaires~~ seules les propositions hypothétiques sont nécessaires et, parmi les propositions absolues, celle-ci uniquement : Dieu existe, c'est-à-dire il y a une raison des choses. Et de là il est clair que les choses dont l'existence suit de l'existence d'une autre chose ne sont pas nécessaires. »

1. « Est *auteur* qui, par la manifestation de sa volonté, est la cause efficiente d'une autre chose. » (A VI, 2, 490).

dans les syllogismes en *Darapti, Felapton*[1], pourquoi de
ce qui est nécessaire par soi ne peut-il pas suivre le
contingent ou, dans l'hypothèse contraire, le nécessaire ?
Mais je vais le montrer à partir de la notion même de
nécessaire. J'ai défini en effet le *nécessaire* comme ce dont
le contraire ne peut être conçu. Aussi faut-il chercher la
nécessité et l'impossibilité des choses non en dehors
d'elles-mêmes mais dans leurs idées, et voir si elles peuvent
être conçues, ou plutôt si elles impliquent contradiction.
Nous appelons en effet ici *nécessaire* seulement ce qui
est nécessaire *par soi*, à savoir ce qui a en soi la raison
de son existence et de sa vérité, comme le sont les vérités
géométriques et[a] comme seul l'est Dieu parmi les choses
existantes. Pour le reste des choses, qui suivent de cette
série de choses que l'on a présupposée, c'est-à-dire de
l'harmonie des choses ou de l'existence de Dieu, elles
sont *par soi contingentes* et seulement nécessaires hypothétiquement, quoiqu'il n'y ait rien de fortuit, puisque
tout découle du destin, c'est-à-dire d'une raison déterminée
(*certa*) de la providence. Donc si l'essence d'une chose
peut être seulement conçue clairement et distinctement
(par exemple *l'espèce des animaux au nombre de pattes
impair*, de même *une bête immortelle*), alors elle doit être
tenue pour possible et son contraire ne sera pas nécessaire,

---

a. Leibniz avait d'abord écrit : « parmi les choses de fait ».

1. Darapti et Felapton désignent, dans la logique classique, deux
modes du syllogisme de la 3e figure. Le syllogisme en Darapti comporte
une majeure universelle affirmative (*Tout M est P*), une mineure
universelle affirmative (*Tout M est S*) et une conclusion particulière
affirmative (*Quelque S est P*). Le syllogisme en Felapton comporte
une majeure universelle négative (*Nul M n'est P*), une mineure universelle
affimative (*Tout M est S*) et une conclusion particulière négative
(*Quelque S n'est pas P*).

quoique son existence soit peut-être opposée à l'harmonie des choses et à l'existence de Dieu, de sorte qu'elle n'aura jamais lieu dans le monde mais sera impossible par accident. C'est pourquoi tous ceux qui déclarent impossible (absolument c'est-à-dire par soi) tout ce qui n'a pas été, n'est pas, ne sera pas, se trompent[1].

TH. Vraiment? Tout ce qui sera ne sera-t-il pas absolument nécessaire, de même que tout ce qui a été a été nécessairement, et tout ce qui est est, pour sûr, nécessairement?

PH. Tout au contraire, cette affirmation est fausse, à moins d'entendre qu'il y a en elle une réduplication[2] et qu'elle contient une ellipse, habituelle chez les hommes, pour éviter de dire deux fois la même chose. Car le sens [véritable] est le suivant : tout ce qui est, il est nécessaire, *s'il est*, qu'il soit, ou (une fois substituée à *nécessaire* sa définition) tout ce qui doit être (*futurum est*), on ne peut pas concevoir, *s'il doit être*, qu'il ne sera pas. Si la réduplication est omise, la proposition est fausse. Car on peut concevoir que ce qui doit être néanmoins n'arrivera pas. Et on peut concevoir que ce qui n'a pas été a néanmoins

---

1. Cette thèse a été défendue par Diodore Cronos (mort vers 284 avant J.-C.) : elle est la conséquence de l'argument dit « dominateur », rapporté par Épictète dans les *Entretiens* II, 19 (voir aussi Cicéron, *Du Destin* IX, 17). Leibniz vise aussi Hobbes (*De Corpore*, II, 10, § 4-5). Parmi ceux qui – pour des raisons diverses – identifient le possible à l'existant en acte (passé, présent ou futur), il rangera encore Spinoza (octobre 1676 : A VI, 3, 365), Descartes, en raison du § 47 de la Troisième partie des *Principes de la philosophie* (voir la lettre de Leibniz à Honoré Fabri de 1677, A II, 1, 464 et sa lettre à Christian Philipp de janvier 1680, A II, 1, 787), John Wyclif et Pierre Abélard (entre 1680 et 1684 : A VI, 4-B, 1452 et A VI, 4-C, 2575). Voir aussi *Théodicée* § 170-173 ; *La cause de Dieu* § 22.

2. Voir *De la toute puissance et de l'omniscience de Dieu* (§ 12), *supra*, p. 63.

été. Tel est le propre même d'un poète distingué que
d'inventer des choses qui, bien que fausses, sont cependant
possibles[a]. L'*Argenis* de Barclay[1] est possible, c'est-à-dire
clairement et distinctement imaginable, quoiqu'il soit
certain qu'elle n'ait jamais vécu et je ne crois pas qu'elle
vivra un jour, à moins que l'on ne tombe dans cette hérésie
par laquelle on se persuade que, dans le cours infini des
temps qui restent à venir, tous les possibles existeront un
jour et qu'il n'est aucune fable que l'on ne puisse imaginer
qui, au moins dans une certaine mesure, même faible,
n'arrivera un jour dans le monde. Et même si nous
l'accordions, il n'en demeure pas moins qu'*Argenis* n'a
pas été impossible, quoiqu'elle n'ait pas encore existé.
Ceux qui pensent autrement suppriment nécessairement
la distinction entre le possible et le vrai, le nécessaire et
le contingent, et, ayant détourné le sens des mots, s'opposent
à l'usage qu'en fait le genre humain. Péchés, damnations
et tout le reste de la série des choses contingentes ne sont

a. En marge [supprimé] : « Il faut dire plus clairement : est impossible
ce dont l'essence est incompatible avec soi-même ; est *non congruent*
(*incongruum*) ou rejeté (telles sont les choses qui n'ont pas été, ne sont
pas et ne seront pas) ce dont l'essence est incompatible avec l'existence :
avec l'existence, c'est-à-dire avec le premier des existants, c'est-à-dire
avec ce qui existe par soi-même, c'est-à-dire avec Dieu. »

1. Jean Barclay (1582-1621) est un écrivain d'origine écossaise,
auteur d'un roman à clef en latin intitulé *Argenis* (Paris, Nicolas
Buon, 1621), qui raconte les amours contrariés de Poliarque et de la
belle Argenis, tout en abordant des questions contemporaines d'ordre
politique et religieux. L'une des originalités de l'œuvre est que l'auteur
s'interdit de recourir dans l'intrigue à toute magie et intervention
surnaturelle. Dans sa biographie, Guhrauer rapporte que sur le lit de
mort de Leibniz et les chaises qui l'entouraient, se trouvaient quantité
de lettres et de livres, dont un exemplaire de l'*Argenis*, « l'un de ses
livres préférés », qu'il relisait peu de temps avant son décès (*Gottfried
Wilhelm, Freiherr v. Leibnitz : Eine Biographie*, volume 2, Breslau,
1846, p. 330).

donc pas nécessaires, quoiqu'ils résultent d'une chose nécessaire, l'existence de Dieu ou l'harmonie des choses. Et donc tout ce qui n'arrivera jamais et n'est pas arrivé, c'est-à-dire tout ce que l'on ne peut pas concevoir comme étant compatible avec l'harmonie des choses, ne peut tout simplement pas être conçu ou est impossible. D'où il est clair que le salut de Judas n'est pas impossible, c'est-à-dire ne constitue pas une contradiction dans les termes, quoiqu'il soit vrai, certain, prévu, nécessaire par accident, c'est-à-dire qu'il résulte de l'harmonie des choses, qu'il ne sera jamais sauvé.

TH. Mais cette habitude s'est répandue parmi tous les peuples, au sein de toutes les langues et a été renforcée par une équivoque générale, de sorte que sont appelées nécessaires les choses qui, reconnaît-on, sont, ont été, seront et impossibles celles qui ne sont pas, n'ont pas été et ne seront pas.

PH. Mais j'ai montré que cela arrive par une ellipse de la réduplication, à laquelle, quand la même chose doit être dite deux fois, tout le monde est enclin par aversion pour les répétitions.

TH. Peut-être faut-il donc tirer de là la raison et la solution véritables de ce sophisme paresseux (λόγος ἀργὸς)[1], répandu partout sur la terre, par lequel jadis des philosophes déjà et maintenant les mahométans, imbus d'une croyance utile à leurs chefs dans les dangers de la guerre ou de la peste, s'efforcent de manière insensée de conclure qu'il est vain de résister, qu'il ne faut rien faire, car on n'évite pas ce qui est fixé par le destin (*fatalia*), et celui qui fait des efforts n'obtient pas ce que le ciel lui refuse et même celui qui ne fait rien obtient ce que le ciel lui donne.

---

1. Voir, *supra*, p. 64 et note 1.

PH. Ce que vous dites est juste, car cet argument si redoutable, si puissant dans les âmes est un sophisme qui repose sur cette ellipse pernicieuse de l'hypothèse d'une cause, ou de l'existence présupposée de cette cause. Il est vrai que tout ce qui doit être arrivera *vraiment*, mais non pas *nécessairement*, par une nécessité absolue, c'est-à-dire *quoi que vous fassiez ou ne fassiez pas*. Car l'effet n'est nécessaire qu'à partir de l'hypothèse de la cause.

TH. Pour ma part, voici comment j'ai l'habitude de reprendre ceux qui divaguent si dangereusement : sot que vous êtes ! si votre destin est de ne pas éviter un mal, peut-être aussi que, du fait de votre sottise, votre destin est de ne pas vous soucier de l'éviter. Pour personne la fin n'a été décrétée sans les moyens, et ces moyens sont l'application (*industria*) ou les occasions. Il faut se fier à cette seule application et se servir seulement de ces occasions si elles se présentent. Mais, dites-vous, il est pourtant certain que tout ce que Dieu prévoit, c'est-à-dire tout ce qui doit être, arrivera. Je le reconnais, mais pas sans les moyens [pour cela] et, généralement, pas sans votre action, car la fortune s'impose rarement à celui qui dort et les lois ont été écrites pour ceux qui veillent [1]. Par conséquent, puisque vous ne voyez pas clairement si ce qui a été décrété est en votre faveur ou contre vous, faites alors comme si c'était en votre faveur, ou agissez comme si rien n'avait été décrété, étant donné que vous ne pouvez

---

1. Leibniz associe ici deux sources : 1. la parole d'Ambroise de Milan : « non enim dormientibus divina beneficia, sed observantibus deferuntur » (« car ce n'est pas à ceux qui dorment que les bienfaits divins sont accordés, mais aux vigilants ») (*Expositio Evangelii secundum Lucam*, lib. IV, 49); 2. l'adage de droit, attribué au jurisconsulte Scævola : « jus civile vigilantibus scriptum est » (« Les lois sont faites pour ceux qui veillent », *Digeste*, lib. 42, tit. 9, 24).

conformer votre action à ce que vous ignorez. C'est pourquoi, si vous menez [comme il faut] votre affaire, rien de tout ce qui arrivera par le destin, c'est-à-dire par l'harmonie des choses, ne vous portera préjudice auprès de Dieu[1]. Toute la discussion sur la prescience, le destin, la prédestination, le terme de la vie n'est d'aucune aide pour conduire sa vie. Il nous faut agir de toute manière, quoique nous ne pensions pas à ces questions. Si quelqu'un aime Dieu avec constance, il manifestera lui-même par cet amour qu'il a été prédestiné de toute éternité ; *nous pouvons donc être prédestinés si nous le voulons* (et que demandons-nous ou réclamons-nous donc de plus ?), bien qu'il dépende de la grâce que nous le voulions[2].

1. « Même si tu ignores ce qui arrivera, ce que Dieu veut, ce qui est conforme à l'harmonie universelle, dans le doute, tu dois cependant présumer que, grâce à tes efforts antérieurs, tes biens [et], grâce aux précautions prises auparavant, l'évitement des maux sont conformes à l'harmonie de Dieu et par conséquent arriveront. Tu dois donc travailler au bien contre le mal. » (texte écrit en octobre-novembre ? 1671, A VI, 2, 153).

2. Il suffit de vouloir, mais la volonté est elle-même une grâce (voir *Discours de métaphysique*, art. 30-31). Comme l'écrira Leibniz dans un texte plus tardif (1705) : « La grâce assiste tous ceux qui le veulent, quoique tous n'aient pas la grâce de vouloir. Il est vrai aussi que la volonté sérieuse a besoin de la grâce divine. Mais cependant il suffit que rien ne manque à celui qui veut. Bien plus, la volonté ou la grâce de vouloir ne manquera pas à celui qui fait les choses requises, selon la nature de la chose, pour acquérir la volonté » (Grua 254). Et « lorsqu'on dit chez nous que l'élection se fait *ex fide praevisa*, c'est-à-dire que Dieu choisit ceux [dont] il prévoit qu'ils persévéreront dans la foi vive, on dit la vérité. Mais on ne dit pas assez, puisque cette foi même est un don que Dieu ne donne pas à tous. On dit bien que Dieu l'offre à tous les hommes et que tous ne la reçoivent point ; mais comme tout bien en nous vient de Dieu, il faut considérer que la volonté même de recevoir ce que Dieu nous offre, est un don de Dieu. Ainsi tout se réduit enfin à la grâce toute pure, comme S. Augustin a fort bien compris. » (*Extrait d'une lettre à un de mes amis*, 3 avril 1696, Grua 375).

PH. C'est très juste. Fasse que nos dialecticiens (*disputatores*) puissent en être persuadés !

TH. Il reste la question de savoir si Dieu veut ou ne veut pas les péchés. Et d'abord il ne semble pas qu'il ne veuille pas les péchés qui existent. Dieu ne souffre en effet de l'existence d'aucune chose, parce qu'il ne peut pas du tout souffrir[a]. Il ne peut donc souffrir de l'existence des péchés. Mais il ne faut pas dire de celui qui ne souffre pas de l'existence d'une chose qu'il ne veut pas qu'elle existe. Il faut donc dire que ce que Dieu ne veut pas, c'est seulement ce qui n'existe pas du tout, dont on peut dire en effet que la non-existence lui plaît[b]. Or de ce dont la non-existence nous réjouit, il faut dire que nous ne le voulons pas, et cela en vertu des définitions mêmes que vous avez vous-même avancées.

PH. Vous concluez bien. Il faut dire que Dieu ne veut pas les péchés eux-mêmes par soi, s'ils sont envisagés comme n'existant pas ; [mais] s'ils existent parce que l'harmonie des choses le veut ainsi, il faut dire qu'il les permet, c'est-à-dire ne les veut ni ne les veut pas.

TH. Mais au contraire, il semble les vouloir. Car l'harmonie des choses est agréable à Dieu et l'existence des péchés fait partie de l'harmonie des choses. Or ce dont l'existence nous réjouit nous le voulons, selon votre définition ; donc il faut dire que Dieu veut les péchés.

PH. Votre raisonnement est trompeur. Quoique l'harmonie soit agréable, il ne s'ensuit pas cependant que

a. En marge : « [Sténon] Comme s'il était impossible à Dieu de ne pas vouloir sans douleur. »

b. En marge [supprimé] : « souvent *je ne veux pas* (*nolo*) équivaut à *je m'abstiens de vouloir* (*non volo*), comme dans « *je ne veux pas de la mort du pécheur.* »

tout ce qui fait partie de l'harmonie soit agréable. Si le tout est agréable, la partie ne l'est pas aussi. Quoique l'harmonie en son entier soit agréable, cependant les dissonances ne sont pas elles-mêmes agréables, bien qu'elles y soient mêlées suivant les règles de l'art. Mais le caractère déplaisant qu'elles comportent est supprimé par un surplus ou plutôt par une augmentation, assurément de ce fait, de l'agrément dans le tout. Alors, dans ce mélange, parce qu'elle est compensée, la dissonance jusque-là déplaisante devient indifférente et jusque-là rejetée elle devient permise. Seul le tout est agréable, seul le tout est harmonique, seule la configuration, pour ainsi dire, du tout est l'harmonie. Dieu se réjouit de la béatitude existante de ceux qui sont sauvés, il ne souffre pas de la béatitude perdue de ceux qui sont damnés, parce qu'il ne souffre de rien, la douleur étant supprimée par compensation dans l'harmonie universelle.

TH. En vérité, vous avez satisfait, au-delà de mon attente, à la plus grande difficulté et vous avez montré (ce que pratiquement personne n'a jusque-là montré) qu'il est conforme à la raison de dire que Dieu ne veut ni ne veut pas les péchés qui arrivent, mais les *permet*.

PH. Il ne reste donc aucune difficulté ?

TH. Je prévois ce que vous allez dire à propos de l'*auteur du péché*.

PH. À savoir : que ce n'est pas Dieu, mais l'homme ou le diable qui seuls veulent [le péché], c'est-à-dire se plaisent au mal.

TH. *C'est-à-dire se plaisent au mal*, voilà qui est bien dit. Car autrement on pourrait objecter que l'homme aussi ou le diable ne font que permettre les péchés, qu'ils font tout ce qui s'accorde avec leurs intérêts et tolèrent (*ferre*) seulement le dommage d'autrui qui y est joint. Mais on ne peut pas dire cela de celui qui pèche mortellement, dans lequel il y a une haine envers Dieu, c'est-à-dire envers le bien universel, et donc un plaisir tiré de son contraire, c'est-à-dire du péché. Mais qu'en est-il de celui qui a commis une faute vénielle par ignorance plutôt que par malice, ne dirons-nous pas qu'il a permis les péchés?

PH. Non, dans son cas non plus, parce que *permettre*, selon la définition posée plus haut, n'est ni vouloir ni ne pas vouloir, mais cependant savoir; ce qui n'a pas lieu chez celui qui pèche par erreur : il veut ce qu'est le péché, c'est-à-dire l'acte. Il ne veut ni ne permet le péché lui-même, parce qu'il l'ignore. Pour le dire en peu de mots : Dieu permet les péchés parce qu'il sait que ceux qu'il permet ne sont pas contraires au bien public [1], mais que cette dissonance est compensée par ailleurs. Mais l'homme qui pèche mortellement sait que ce qu'il fait est contraire au bien public, pour autant qu'il puisse en juger, et *ne peut être concilié avec ce dernier que par son propre châtiment.* Or comme il hait son châtiment et cependant veut l'acte, il est nécessaire qu'il haïsse le bien public ou la manière dont le monde est gouverné, de sorte qu'il pèche mortellement.

TH. Vous m'avez donné entière satisfaction et vous avez parfaitement déchargé la volonté de Dieu [de la responsabilité] des péchés. Car, pour résumer ce que vous avez dit, si nous péchons parce que *nous le pouvons et le voulons*, et si la raison de notre pouvoir vient tantôt de choses innées, tantôt de choses acquises, les innées venant des parents, les acquises de ce dont nous nous nourrissons

---

1. Leibniz entend par là le bien général (du tout).

(*alimenta*), les unes et les autres viendront par conséquent de choses extérieures. En outre, si[a] l'intellection est la cause du vouloir, le sentiment (*sensio*) la cause de l'intellection, l'objet la cause du sentir, et si l'état de l'objet dépend de choses extérieures, alors et le pouvoir et la volonté de pécher dépendront de choses extérieures, c'est-à-dire de l'état présent des choses, et l'état présent des choses [dépendra] de l'état précédent, l'état précédent d'un autre précédent et ainsi de suite. L'état présent dépend donc de la série des choses, la série des choses de l'Harmonie universelle, l'Harmonie universelle des fameuses idées éternelles et immuables elles-mêmes. Les idées, qui sont contenues dans l'entendement divin, ne dépendent pas, par elles-mêmes, de l'intervention de la volonté divine, car Dieu[b] ne conçoit (*intelligit*) rien parce qu'il veut, mais parce qu'il est. Aussi, parce que les péchés ne plaisent pas par leur harmonie propre, seront-ils seulement permis par la volonté divine, uniquement à cause d'une harmonie qui leur est étrangère, c'est-à-dire l'harmonie universelle, qui autrement ne serait plus conforme à elle-même.

PH. Avez-vous donc d'autres objections ?

TH. J'en ai certes beaucoup : car nous ne sommes pas encore sortis de toutes les difficultés. Qu'importe en effet de concilier les péchés avec la bonté divine, s'ils ne peuvent être conciliés avec notre liberté ? À quoi sert-il d'absoudre Dieu, si les méchants sont absous avec lui ? Quel avantage tirerons-nous à mettre la volonté divine hors de cause, si nous anéantissons toute volonté ? Car, de grâce, qu'est-ce

a. « l'entendement est la cause de la *volonté*, la sensation (*sensus*) la cause de l'entendement » [barré]

b. « n'est pas ou ne conçoit pas, parce qu'il est, parce qu'il veut, mais il veut être, parce qu'il est et conçoit » [barré]

que la liberté humaine si nous dépendons de choses externes,
si ce sont elles qui produisent notre vouloir, si un enchaîne-
ment fatal ne régit pas moins nos pensées que la déviation
et le choc des atomes ?

PH. Ne vous emportez pas, je vous prie, contre une
opinion que vous n'avez pas suffisamment bien comprise
et qui n'a pas été assez adroitement exprimée ! Vous avez
fait voir vous-même et vous avez accordé plus haut que
rien n'est sans une raison suffisante. Il y aura donc aussi
une raison suffisante de l'acte de vouloir lui-même. Soit
donc elle sera contenue dans l'acte lui-même, et alors ce
sera l'Être par soi, c'est-à-dire Dieu, ce qui est absurde ;
soit la raison suffisante de cet acte est à chercher en dehors
de lui-même. Pour trouver alors la raison suffisante de
l'acte de vouloir, il nous faut définir ce que c'est que
vouloir. Qu'est-ce donc que *vouloir quelque chose* ?

TH. Se réjouir de son existence, comme vous l'avez
vous-même défini plus haut, soit que nous la sentions
réellement existante, soit que nous imaginions son existence
alors qu'elle n'existe pas.

PH. Or le plaisir (*delectatio*) est le sentiment de
l'harmonie, suivant ce que nous avons dit plus haut. Nous
ne voulons donc rien d'autre que ce qui paraît harmonique.
Or ce qui paraît harmonique dépend de la disposition de
celui qui sent, de l'objet et du milieu. C'est pourquoi même
s'il est en notre pouvoir de faire ce que nous voulons, il
n'est pourtant pas en notre pouvoir de vouloir ce que nous
voulons[1], mais ce que nous sentons comme agréable ou
ce que nous jugeons être bon. Or juger ou ne pas juger une
chose telle ou telle n'est pas en notre pouvoir, personne,

---

1. Voir *supra* la lettre à Wedderkopf, p. 80 et note 1.

même en s'évertuant à vouloir ou à ne pas vouloir, ne
ferait en sorte que sans raison il ne croie pas ce qu'il
croit [1]. Puisque l'opinion n'est donc pas au pouvoir de la
volonté, la volonté ne sera pas non plus au pouvoir de la
volonté. Et supposez que nous voulions parce que nous le
voulons, pourquoi voulons-nous vouloir ? Est-ce encore à
cause d'une autre volonté, ou de rien, c'est-à-dire sans
raison ?

TH.   Je ne trouve rien à répondre à votre argument,
mais vous ne répondez rien non plus à mon objection : à
savoir que le libre arbitre a été ainsi détruit en nous.

PH.   Je l'admets, si, avec quelques-uns, vous le
définissez comme la puissance qui peut agir et ne pas agir,
tous les réquisits pour agir étant posés et toutes les choses
qui existent dans l'agent ou en dehors de lui étant égales
par ailleurs [2].

TH.   Quoi ? cette définition est-elle vraiment fautive ?

---

1. La volonté ne peut se donner ni la volonté, ni le jugement, ni
l'opinion, ni la croyance qu'elle veut. Ces choses ne dépendent pas
d'elle. Voir *De l'obligation de croire* (première moitié de l'année
1677 ?) : « Croire ou ne pas croire quelque chose n'est pas en [notre]
pouvoir ». Or comme les choses qui ne sont pas en notre pouvoir ne
peuvent faire l'objet d'une obligation, « il n'y a aucune obligation de
croire, mais seulement de rechercher [la vérité] avec la plus grande
application » (A VI, 4-C, 2153 et 2154). La même thèse est défendue,
notamment, dans les *Remarques sur la partie générale des Principes de
Descartes* (texte composé vraisemblablement dès 1691, mais remanié
jusqu'en 1699), à propos de l'article 6 (GP IV, 356-357) et des articles
31, 35 de la Partie I (GP IV, 361), et dans une lettre de juillet 1703 à la
comtesse de Bellamont (Grua 216).

2. On reconnaît ici la définition donnée par Molina dans la
Concordia (voir *supra*, p. 72, note 1).

PH. Absolument, à moins qu'elle ne reçoive une explication[a]. [Affirmer que] quelque chose (en l'occurrence une action) n'existe pas, alors que tous ses réquisits existent, est-ce autre chose qu'[affirmer que] ce qui est défini n'existe pas, alors que sa définition existe, ou bien que la même chose est et n'est pas en même temps ? Si quelque chose n'existe pas, il est nécessaire qu'un réquisit manque vraiment, parce que la définition n'est rien d'autre que l'énumération des réquisits.

TH. Il faut donc corriger la définition comme suit : le *libre arbitre* est la puissance d'agir ou de ne pas agir, tous les réquisits pour agir, à savoir tous les réquisits externes, étant posés.

PH. Le sens sera donc le suivant : quoique tous les moyens d'agir soient à ma disposition, je peux cependant ne pas faire l'action, à savoir si je ne veux pas agir. Il n'est rien de plus vrai, ni rien de moins contraire à ce que je soutiens. Comme Aristote l'a aussi défini, une chose est *spontanée* quand le principe de l'action est dans l'agent et elle est *libre* quand à la spontanéité se joint le

---

a. En marge : « [Sténon] Soit l'analyse des réquisits qui concourent nécessairement à ce que soit mue une chose destituée de sentiment, et [l']analyse des réquisits qui concourent nécessairement à ce qu'un homme meuve quelque chose. Dans le premier cas, assurément, tous les réquisits matériels du mouvement étant posés, le mouvement s'ensuit nécessairement ; dans le second cas, tous les réquisits matériels du mouvement étant posés, aussi bien dans le corps qu'à l'extérieur du corps, même là le mouvement peut, en vertu de l'arbitre dont est doté l'esprit, ou ne pas se produire ou se produire autrement, dès lors que l'on compte aussi parmi les réquisits matériels du corps les représentations (*phantasmata*) de l'imagination.

[Leibniz] Je l'accorde pour ce qui est des réquisits matériels, mais des réquisits immatériels sont aussi requis pour l'action libre, quoique ceux-ci soient en quelque façon requis également pour le mouvement des choses matérielles. »

choix [1]. Par suite, un être dépend d'autant plus de lui-même que ses actes découlent plus de sa nature et sont moins changés par des choses externes. Et il est d'autant plus libre qu'il est plus capable de choix, c'est-à-dire qu'il conçoit un plus grand nombre de choses avec un esprit pur et tranquille. Le spontané vient donc de la puissance, la liberté de [a] la science. Mais supposons que nous jugions une chose bonne, il est impossible que nous ne la voulions pas ; supposons cette volonté et qu'en même temps nous connaissions les moyens externes à notre disposition, il est impossible que nous ne l'exécutions pas. Rien n'est donc plus inapproprié que de vouloir transformer la notion de libre arbitre en je ne sais quelle puissance inouïe et absurde d'agir ou de ne pas agir sans raison, que personne de sensé ne souhaiterait pour lui-même. Pour sauver la prérogative du libre arbitre, il suffit que nous soyons placés à la croisée des chemins de la vie [2], de sorte que nous puissions seulement faire ce que nous voulons, seulement vouloir ce que nous croyons être bon et rechercher, par

a. « la sagesse » [barré]

1. Voir Aristote, *Éthique à Nicomaque*, III, 1, 1110a 15-20 ; III, 3-4, 1111a 22-1112a 17. Notons que Leibniz ajoutera dans la *Théodicée* (aux § 288 et 302) une troisième condition de la liberté (outre le choix ou l'intelligence et la spontanéité) : la contingence.

2. L'idée du *bivium vitae* vient de l'Antiquité. Elle a souvent été associée à la lettre Y par laquelle Pythagore aurait voulu figurer le cours de la vie de l'homme, amené à choisir entre, d'une part, la voie facile et agréable du vice et, d'autre part, le chemin difficile et ardu de la vertu. Voir Perse, *Satire* 3, vers 56 *sq.* ; Lactance, *Institutions divines*, liv. VI, chap. 3. L'expression *bivium vitae* est reprise par Bacon dans la quatrième partie de l'*Instauratio magna* (1620), « L'échelle de l'entendement ou le fil du labyrinthe », préface projetée, § 2, mais aussi par Erycius Puteanus, *Vitae humanae bivium virtutum et vitiorum lineæ* […] *Y* (Louvain, 1645).

l'emploi le plus étendu possible de la raison, les biens qu'il faut posséder[a]. Nous avons ainsi moins sujet de blâmer la nature que si elle nous avait donné cette monstrueuse puissance relevant d'une sorte d'irrationalité rationnelle.

TH. Mais il y en a certains qui s'attribuent une liberté telle qu'ils se prétendent capables de faire ou de ne pas faire quelque chose, sciemment et délibérément, sans aucune raison (*par caprice*[1]).

PH. Pour ma part, je dis sans hésiter qu'ils trompent ou se trompent. Ce plaisir même (jamais la volonté seule) de celui qui s'obstine, la mine renfrognée, tient lieu de raison.

TH. Mais supposez que je sois prêt à agiter la main vers vous, ne puis-je absolument [parlant] la tourner d'un côté ou de l'autre ?

PH. Vous pouvez la diriger comme vous voulez.

TH. Quelle est alors la raison pour laquelle vous me voyez, maintenant, la tourner plutôt vers la droite ?

PH. Ne doutez pas qu'il y ait au fondement [de cette action] certaines raisons subtiles, car peut-être cela vous est-il venu ainsi d'abord à l'esprit, parce que cela vous est venu d'abord aux sens ; peut-être votre main est-elle plus habituée à ce côté, ou, récemment, un coup a-t-il été malencontreux de l'autre côté mais heureux de celui-ci. Tous les autres détails de ces circonstances, aucune plume ne saurait les dépeindre.

a. En marge : « [Sténon] Mais si l'arbitre est aussi requis pour cette recherche ? Alors, ou bien on loue en vain ce don très considérable qu'est la raison, ou bien il faut admettre la liberté d'en user.
[Leibniz] Comme si on niait vraiment cette liberté d'en user. Je ne saisis pas ces fictions que mon censeur s'est imaginées en lisant ce passage. »

1. En français dans le texte.

TH. Que vous prédisiez, qu'un ange ou plutôt Dieu prédise de quel côté je vais me tourner, aussitôt je me dirigerai du côté opposé et, malgré le prophète, j'affirmerai ma liberté.

PH. Vous n'en serez pas plus libre, car ainsi le plaisir même de contredire vous tient lieu de raison ; ce que le prophète, s'il est infaillible, quoiqu'il ne vous le prédise pas, s'il sait que vous ferez le contraire de sa prédiction, prévoira cependant sans le dire, ou encore prophétisera à un tiers, à votre insu.

TH. Ne peut-il donc me prédire le vrai à moi-même ? [a] Mais pourquoi ne le pourrait-il pas, s'il a su à l'avance la vérité ? N'importe qui peut dire en effet ce qu'il sait à n'importe quel auditeur. Mais je ferai le contraire de ce qu'il dit ; donc il n'a pas su à l'avance ce que je ferais, ce qui va à l'encontre de l'hypothèse. Donc ou c'est la prescience ou c'est la liberté qui sera supprimée.

PH. Ces arguties sont subtiles, mais on en conclut seulement ceci : que l'esprit qui serait d'une nature telle qu'il veuille et puisse [b] faire ou vouloir le contraire de ce qui peut être prédit par quelqu'un, est au nombre de ces choses qui sont incompatibles [1] avec l'existence d'un Être omniscient, ou avec l'harmonie des choses, et qui, par conséquent, n'ont pas été, ne sont pas et ne seront pas [c].

a. « Mais s'il est vrai qu'arrivera ce qu'il dit, pourquoi ne le peut-il pas ? Mais je pourrai alors montrer bientôt que cela est faux. PH. S'il est infaillible et vous fait une prédiction, il sera aussi assez puissant pour changer votre volonté de le contredire. Mais ainsi il ne sera pas infaillible » [barré]

b. « toujours » [barré]

c. « ou qui sont impossibles par accident » [barré]

1. Leibniz écrira en décembre 1675 : « Tout ce qui est nécessairement incompatible est impossible » (A VI, 3, 464).

TH. Mais que répondrez-vous au fameux vers : « je vois le meilleur et l'approuve, [mais] je suis le pire »[1]?

PH. Ce que je répondrai ? Seulement qu'il est absurde si on ne le comprend pas suffisamment bien. Médée, à qui Ovide fait tenir ce discours, veut dire ceci : elle voit l'injustice de son acte, quand elle tue ses propres enfants, mais néanmoins le plaisir tiré de la vengeance l'emporte comme un bien plus grand que le crime n'est un mal ; ou pour le dire en peu de mots : elle pèche contre sa conscience. Donc « meilleur » et « pire » désignent dans ce vers « juste » et « honteux » (*turpis*). On ne pourra donc pas prouver de là que celui qui choisit choisisse jamais ce qu'il considère comme le pire au total. Qui pense le contraire renverse tous les principes de la morale et ne peut pas même dire ce que c'est que vouloir.

TH. Vous me persuadez presque.

PH. Ô fous que nous sommes donc, nous qui, ayant dédaigné les privilèges de la nature et de Dieu, demandons des chimères inobservables, non contents de l'usage de la raison, vraie racine de la liberté ! À moins de posséder un pouvoir irrationnel (*potestas brutalitatis*), nous ne pensons pas être assez libres ! Comme si la plus haute liberté n'était pas d'user de son entendement et de sa volonté de la manière la plus parfaite, et par conséquent d'avoir l'entendement contraint par les choses à reconnaître les vrais biens, la volonté contrainte par l'entendement à les embrasser, d'être incapable de résister à la vérité, de recevoir purs les rayons des objets, ni réfractés ni décolorés par le nuage des affects. En l'absence de ces affects, il nous est aussi impossible de nous tromper en pensant, de

---

1. Ovide, *Métamorphoses*, VII, 20-21. Le vers est également cité et commenté dans la *Théodicée* (§ 154 et 297).

pécher en voulant, qu'à un esprit attentif, les yeux ouverts et nullement altérés par quelque déficience, de ne pas voir, dans un milieu transparent éclairé, un objet coloré à sa juste grandeur et à la bonne distance. Assurément la liberté de Dieu est la plus haute, quoiqu'il ne puisse pas se tromper dans le choix des choses les meilleures, et celle des anges bienheureux s'accroît quand ils ont cessé de pouvoir chuter. La liberté vient donc de l'usage de la raison et, selon que celle-ci est pure ou infectée, ou bien nous marchons droits sur la voie royale des devoirs, ou bien nous chancelons en suivant des chemins impraticables.

TH. Tout péché vient donc de l'erreur.

PH. Je le reconnais.

TH. Il faut donc excuser tout péché.

PH. Nullement, car par une lumière qui pénètre au milieu des ténèbres, comme au travers de fentes, le moyen d'y échapper est en notre pouvoir, pourvu que nous voulions en user.

TH. Mais pourquoi les uns veulent-ils en user et les autres ne le veulent-ils pas ?

PH. Parce qu'il ne vient pas même à l'esprit de ceux qui ne le veulent pas qu'ils peuvent en user avec profit ; ou bien ce moyen est dans leur âme de telle manière que c'est comme s'il n'y était pas, c'est-à-dire sans *réflexion* ou *attention*[1], si bien qu'ils voient sans voir, entendent sans entendre[2]. C'est là que se trouve l'origine de la *grâce refusée*[3] et, comme l'Écriture sainte l'appelle, l'origine de

1. Sur la réflexion et l'attention, voir *supra*, p. 78, note 1.
2. Référence à Matthieu, 13, 13.
3. Il s'agit de la grâce que Dieu refuse de donner à l'homme, lequel, par suite, se trouve plongé dans une impénitence obstinée. Cependant, tel que Leibniz l'interprète, ce refus, loin d'être arbitraire, se fonde sur un manque de réflexion ou d'attention imputable au pécheur lui-même.

l'endurcissement[1]. Combien peu d'entre nous n'ont-ils pas entendu mille fois ce « dis pourquoi [tu es] là » (*dic cur hic*), ou « considère la fin », ou « regarde ce que tu fais »[2] ? Et cependant, il est certain que par une seule et unique maxime de ce genre bien comprise et constamment gardée à l'esprit, [a] au moyen par exemple de certaines lois et peines prescrites rigoureusement, chaque homme, comme en un clin d'œil, *par une métamorphose instantanée*, deviendrait infaillible, prudent et heureux au-delà de tous les paradoxes du sage des stoïciens[b].

TH. Ne faut-il donc pas considérer en dernière analyse que tous les méchants sont finalement malheureux, parce

---

a. En marge : « NB. NB. NB. »

b. En marge : « [Sténon] Choses faciles à écrire et à dire, mais comment sont-elles conciliables avec le système ?

[Leibniz] C'est le signe que mon censeur ne comprend pas bien ce système. »

1. Voir Isaïe, 6, 9-10 et Jean, 12, 40.

2. Ces trois préceptes (avec quelques variantes) apparaissent à plusieurs reprises dans le corpus leibnizien (voir notamment : *Wilhelmus Pacidius*, deuxième moitié 1671-début 1672?, A VI, 2, 511 ; *Remarques sur la partie générale des Principes de Descartes*, GP IV, 362 ; *Mémoire pour des personnes éclairées et de bonne intention* (14), in *Dialogues sur la morale et la religion* […], p. 164 ; *Nouveaux Essais sur l'entendement humain*, II, 21, § 47, A VI, 6, 196). Le premier (*Dic cur hic*) est un adage d'origine médiévale, qu'il était d'usage dans les écoles de répéter aux élèves, pour les rappeler à l'ordre et les porter à l'étude. La formule *Respice finem* est tirée d'une maxime de sagesse qu'un marchand aurait déclarée à l'empereur Domitien. Voir *Gesta Romanorum*, chap. 103 : « Quoi que tu fasses, fais-le avec prudence et considère la fin » (« Quicquid agas, prudenter agas, et respice finem »). Enfin l'injonction *Vide quid agas* se trouve dans Plaute (*Épidique*, I, 2, v. 161). Elle est citée par Macrobe (*Saturnales*, II, 12), qui la tire d'un passage perdu du traité *Du Destin* de Cicéron. Elle est également utilisée par Augustin (en particulier dans le *Sermon* 82, 10, 13).

qu'ils n'ont pas tourné leur attention vers la voie de la félicité qui s'offrait à eux si facile et si dégagée ?

PH. Je le reconnais.

TH. Et ne sont-ils pas à plaindre ?

PH. Je ne peux le nier.

TH. Et ils doivent leur méchanceté à la mauvaise fortune.

PH. C'est évident : car la raison dernière de la volonté est en dehors de celui qui veut. Et l'on a démontré que toutes ces choses se ramènent en fin de compte à la série des choses, c'est-à-dire à l'harmonie universelle.

TH. Et ne ressemblent-ils pas à des insensés ?

PH. Presque, mais pas entièrement. Les insensés ne peuvent pas même, s'ils le veulent, se recueillir et penser à cette maxime : « dis pourquoi [tu es] là », qui contient toute la prudence, et si elle leur vient à l'esprit s'y arrêter, pas plus que ceux qui sont ivres ou qui rêvent. Mais ceux qui sont fous, se trompent, sont méchants en font bien usage, mais non en vue de ce qu'il y a de plus important (*summa rerum*) : ils délibèrent, mais de n'importe quoi plutôt que de la félicité. La maladie, une certaine matière nuisible aux nerfs et aux esprits [animaux [1]] et une sorte d'insomnie troublent les insensés. Dans le cas des fous et des méchants, une autre raison corrompt la raison, une plus petite raison corrompt une plus grande raison, une certaine raison particulière, qui s'est développée avec la complexion, l'éducation, la pratique, corrompt la raison universelle ; et sans nul doute pourtant les méchants apparaissent-ils aux anges aussi fous qu'à nous les fous.

---

1. Les *esprits animaux* désignent, dans la physiologie héritée de la médecine antique et médiévale, des flux de petits corps très ténus et très subtils, qui, par l'entremise des nerfs, portent sentiment et mouvement dans toutes les parties de l'animal.

TH. Ils seront donc à tout le moins pareils à ceux qui sont nés à la quatrième lune[1], comme on dit, à ceux qui ont été mal éduqués, à ceux qu'une [mauvaise] fréquentation a pervertis, à ceux qu'une [mauvaise] union a dépravés, à ceux que l'adversité a rendus sauvages, qui ne peuvent nier qu'ils sont criminels, mais ont de quoi se plaindre ou de la fortune, ou des hommes, à propos de leur vie désespérée.

PH. *Il en est tout à fait ainsi, ou plutôt il est nécessaire qu'il en soit ainsi ; personne ne s'est fait lui-même méchant volontairement, autrement il serait méchant avant de le devenir.*

TH. Mais en vérité, *c'est maintenant qu'il faut du courage, maintenant qu'il faut un cœur ferme*[2], *le moment suprême est venu*[3], nous arrivons au faîte de la difficulté, sans même nous en rendre compte. Si la fortune ne vous abandonne pas ici vous avez vaincu pour toujours. Car cette difficulté inflexible se présente à nous, quelles que soient les arguties dont nous usions encore : la plainte apparemment juste des damnés, qui disent être nés, avoir été envoyés dans le monde, s'être trouvés en des temps, au milieu d'hommes, en des occasions, de telle sorte qu'ils n'ont pas pu ne pas aller à leur perte ; [qui disent] avoir eu l'esprit occupé prématurément par des pensées vicieuses, qui ont favorisé le mal, qui y ont excité ; [qui disent] avoir manqué de celles qui les auraient délivrés, retenus, comme

1. Leibniz fait ici référence à une vieille croyance astrologique, qui attribuait au décours de la lune une influence néfaste sur les naissances. Naître au quatrième quartier de la lune présageait un destin malheureux à l'enfant – appelé pour cette raison *tétradite* selon le *Dictionnaire* de Trévoux (édition de 1771, vol. 7, p. 1058).

2. Virgile, *Énéide*, VI, 261.

3. Virgile, *Énéide*, XII, 803.

si les destins conspiraient à la ruine des malheureux. Si quelques conseils salutaires étaient intervenus, [ils disent] qu'ils auraient manqué de l'attention et de cette *réflexion* elle-même, l'âme de la sagesse, de ce « dis pourquoi [tu es] là »[1], de ce « considère la fin », le plus grand don de la *grâce*, qui, correctement perçu, seul nous tient en éveil. Qu'il est injuste que, dans le sommeil général, quelques-uns soient réveillés et tous les autres abandonnés au sacrifice ! S'il était nécessaire que tant de créatures périssent, si la raison du monde ne subsistait pas autrement, il eût fallu alors que les malheureux fussent tirés au sort.

PH. Il en a été également ainsi, car il revient au même que quelque chose arrive par le destin ou par le sort et en vertu de l'harmonie universelle.

TH. Ne m'interrompez pas, je vous prie, jusqu'à ce que vous ayez tout entendu ! En effet, qu'il serait cruel de voir, impassible, qui aurait fait le malheur, un père qui aurait malformé son enfant, qui l'aurait très mal éduqué, vouloir encore le punir, lui qui devrait être puni lui-même ! [Les damnés] maudiront la nature des choses, fertile en moyens pour les perdre, Dieu, heureux du malheur des autres, eux-mêmes, parce qu'ils ne peuvent être anéantis, la série de l'univers, qui a aussi enveloppé [leur existence], enfin cette possibilité elle-même, éternelle et immuable, des Idées, qui est la source première de leurs maux, déterminatrice de l'harmonie universelle et en elle de l'existence des choses ; et qui, par conséquent, de tant de possibles ne fait pas sortir d'autre état de l'univers que

---

1. « […] l'âme de la sagesse et ce que l'on appelle couramment le jugement consistent dans le fameux *dis pourquoi [tu es] là* (*Dic cur hic*), c'est-à-dire dans la réflexion. » (A VI, 2, 482). Voir aussi A VI, 2, 276 et *supra*, p. 130, note 2.

celui qui contenait leur propre malheur, afin que la félicité des autres en fût, évidemment, plus visible.

PH.   Cela fait assez tragique, mais n'est pas également juste. Je vous le démontrerai clairement, tantôt au moyen de certains indices (*signis*), tantôt par une raison certaine, si Dieu, dont l'intérêt est en jeu, me donne des forces et du courage. Combien est donc vaine cette plainte, vous pouvez en juger notamment de ce qu'elle peut être proférée par le damné et non par le damnable, même si tout ce que saura le damné, le damnable le savait déjà par avance. Je vous le demande : le temps peut-il par lui-même, si rien d'autre n'est changé, faire que ce qui est injuste devienne juste ? Je ne le pense pas, car l'efficace n'appartient pas au temps mais aux choses qui s'écoulent dans le temps. Donc si est injuste la plainte du damnable – lui qui sait toutes les mêmes choses [que le damné] –, celle du damné le sera aussi. Représentez-vous donc un homme damnable, faites que l'Enfer soit exposé à ses yeux et à son esprit, dans toute son horreur et sa profondeur, ajoutez que lui soit montré l'endroit destiné à ses éternels tourments, s'il [continue] d'agir comme il le fait. Pourra-t-il, de son vivant et à ce spectacle, se plaindre de Dieu ou de la nature des choses, comme des causes de sa damnation ?

TH.   Il ne le pourra certes pas alors, car aussitôt on peut lui répondre qu'il peut ne pas être damné, s'il le veut[a].

PH.   C'est bien ce que je voulais [dire]. Supposons donc que notre homme persiste néanmoins et (par hypothèse) soit damné ; pourra-t-il alors, avec un semblant de

a. En marge : « [Sténon] Mais cela ne lui est pas possible, cette série de choses étant posée.

[Leibniz] Je dis qu'il peut s'il le veut. Mais il ne le voudra pas. Ainsi mon opinion revient exactement à l'opinion commune, car assurément Dieu a prévu qu'il ne le voudra pas. »

droit, reprendre les mêmes plaintes que l'on a déjà repoussées ? Pourra-t-il imputer son malheur à autre chose qu'à sa propre volonté ?

TH. Vous m'avez vaincu plutôt que satisfait.

PH. Je ferai en sorte que vous vous reconnaissiez aussi satisfait, une fois la chose clairement comprise.

TH. Je reconnais qu'il imputera tout à sa volonté, mais sa volonté à la fortune, c'est-à-dire à Dieu, ou du moins, comme vous le voulez, à la nature des choses.

PH. Je vous ai dit précédemment qu'il implique contradiction que quelqu'un se fasse volontairement méchant, sinon il serait méchant avant de le devenir ; [qu'il implique contradiction] que quelqu'un soit la cause volontaire de sa volonté, car ce qu'il veut vouloir, il le veut déjà, de la même façon que[a], comme dit la règle de droit, *qui peut faire qu'il puisse peut déjà*[1]. S'il faut donc accepter cette excuse, il faut supprimer la punition de la nature des choses. Personne ne sera méchant, personne ne devra être puni, personne ne sera sans excuses.

TH. Quoi donc ?

PH. Quoi ? sinon que dans tous les jugements où il s'agit d'infliger une punition, il suffit de considérer la volonté connue, comme très mauvaise et délibérée, d'où qu'elle vienne. Quelle est donc cette folie des censeurs de

a. « (*qui peut faire* selon la règle de droit 174 du *Digeste*). Que celui qui peut pouvoir peut déjà ; bien plus : c'est encore la même chose de pouvoir vouloir et de vouloir pouvoir. » [barré]

1. Voir *Digeste*, L, 17, 174 : « Qui peut faire qu'il puisse exécuter une condition, semble le pouvoir déjà » (« Qui potest facere ut possit conditioni parere, jam posse videtur »). Dans *Des conditions* (1665), ce « théorème » est expliqué de la manière suivante : « En effet, la cause de la cause est cause de ce qui est causé ; c'est pourquoi qui est en puissance la cause de la cause est en puissance la cause de ce qui est causé » (A VI, 1, 117, 79).

la justice divine de vouloir, pour écarter la punition, aller au-delà de la volonté avérée du criminel, c'est-à-dire à l'infini ?

TH. Vous m'avez persuadé qu'il ne reste aux damnés aucune apparence d'excuse, qu'ils n'ont pas de raison de se plaindre, qu'ils en ont cependant de s'indigner; ou plutôt qu'ils ont une raison de se plaindre, mais qu'ils n'ont pas de quoi[1] se plaindre. Ils ont la colère du chien contre la pierre[2], des sots joueurs de dés contre le hasard, des désespérés contre eux-mêmes; telle est leur colère contre l'harmonie universelle, qui est conforme à la nature même des choses, c'est-à-dire aux idées, et qui réalise ce cours des choses. Cette colère est assurément aussi folle que si quelqu'un qui compte mal et qui constate, après vérification, que son opération n'a pas du tout donné le bon résultat, s'indignait contre l'arithmétique plutôt que contre lui-même et en vain s'affligeait de ce que trois fois trois ne fassent pas dix plutôt que neuf (car l'harmonie des choses repose aussi sur de telles proportions nécessaires). Ils ont donc une colère sans objet, une douleur sans échappatoire, enfin une plainte qu'ils ne peuvent eux-mêmes approuver et à laquelle cependant ils ne peuvent renoncer – immenses accès [de rage] à la vérité, propres à aiguiser ce malheur plein de fureur, dont la damnation sera principalement accompagnée.

PH. C'est tout à fait cela. La douleur est pour eux sans échappatoire et presque, s'il était permis de le dire, agréable, et les damnés ne peuvent eux-mêmes approuver leurs

---

1. Car l'objet de leur plainte n'est pas légitime.
2. L'origine de cette image se trouve dans Eusèbe de Césarée, *Histoire ecclésiastique* (livre X, chapitre 4, 14) : le diable y est comparé à « un chien enragé qui mord les pierres qu'on lui jette, et qui décharge sur des objets inanimés sa colère contre ceux qui le repoussent ».

propres plaintes : c'était ce que je m'apprêtais enfin à vous
dire pour vous convaincre pleinement. J'ajoute en effet
qu'ils ne sont jamais absolument damnés pour toute
l'éternité, qu'ils sont toujours damnables, qu'ils peuvent
toujours être délivrés, que jamais ils ne le veulent et donc
qu'ils ne peuvent même jamais se plaindre avec constance
sans contradiction, parce que leur conscience proteste
perpétuellement [contre eux] [1].

TH. Vous énoncez des mystères.

PH. Ou, comme d'autres préféreront dire, des
paradoxes.

TH. Qu'importe, nous sommes seuls. Levez le voile.

PH. Ah ! si vous faites attention, [vous verrez que] je
l'ai levé. Vous vous souviendrez que peu auparavant nous
nous sommes accordés sur la nature du péché mortel,
c'est-à-dire sur la raison de la damnation.

TH. Répétez ce qui a été dit, je vous prie, et appliquez-le
au sujet présent.

PH. Avez-vous oublié ce que je vous ai répondu quand
vous demandiez la raison de la damnation de Judas ? Il
vaut la peine de résumer ces paroles, parce qu'elles sont
claires. Vous demandiez quelle est la raison de la damnation.
J'ai répondu : *l'état dans lequel il était en mourant, à
savoir cette haine ardente de Dieu qui l'animait quand il
est mort. Car, comme l'âme, au moment de la mort, ne*

---

1. Dans des notes de lecture sur le *Droit de la nature et des gens*
de Pufendorf, rédigées l'hiver 1675-1676 (?), Leibniz recopie cette
citation d'Isocrate (tiré du *Contre Callimaque*, 39) : « N'est-il pas
absurde qu'il [Callimaque] demande votre pitié dans ce danger, qu'il
dépend de lui d'éviter, dans lequel il s'est jeté lui-même et dont il peut
encore maintenant se libérer ? ». Et il ajoute ce commentaire, renvoyant
manifestement à notre texte : « Cela sert à illustrer mon dialogue, où
il est question des plaintes injustes des damnés » (A VI, 3, 243-244).

s'ouvre plus à de nouvelles sensations externes jusqu'à ce
qu'un corps lui soit rendu, elle s'arrête seulement à ses
dernières pensées, de là n'en change pas, mais aggrave
l'état qui était le sien à la mort. Or la haine de Dieu, c'est-
à-dire de l'être le plus heureux, engendre la douleur la
plus grande : car la haine consiste à souffrir de la félicité
[de l'être haï] (comme l'amour consiste à se réjouir de la
félicité [de l'aimé]) et donc, dans le cas de la félicité la
plus grande, souffrir le plus. La douleur la plus grande
est la misère ou damnation ; aussi celui qui hait Dieu en
mourant se damne-t-il lui-même. Je ne sais pas si ces
paroles s'éloignent beaucoup d'une démonstration, car
elles rendent aussi raison de la grandeur de la misère par
la grandeur de la haine et la grandeur de la haine par la
grandeur de son objet.

TH. Mais ici vous avez dit un peu plus, à savoir qu'ils
sont toujours damnables, jamais damnés.

PH. Je comprends cela ainsi : de même que ce qui est
mû n'est jamais constamment dans un lieu, mais tend
toujours vers un lieu, de même ils ne sont jamais damnés
(de sorte qu'ils ne puissent pas, s'ils le veulent, cesser de
l'être), mais toujours damnables, c'est-à-dire se damnent
de nouveau eux-mêmes.

TH. Pour ma part, je désire que vous le prouviez.

PH. Ce sera très facile à faire : si quelqu'un se damne
lui-même par sa haine de Dieu, il continuera et augmentera
sa damnation par la continuation ou plutôt l'accroissement
de cette haine. Et de même que les bienheureux, par une
augmentation continue dans tout l'infini, une fois admis
auprès de Dieu, c'est-à-dire de l'Harmonie universelle et
de la raison suprême, et après l'avoir embrassée comme
concentrée en un seul coup d'œil, ont cependant sans fin
de quoi multiplier infiniment leur plaisir par une réflexion

plus distincte sur les parties de leur joie, parce qu'il n'est pas de pensée ni par conséquent de plaisir sans perpétuelle nouveauté et progrès [1] ; de même ces enragés qui haïssent la nature des choses, plus ils seront avancés dans la connaissance des créatures et plus, par un résultat diabolique de la science, ils seront irrités perpétuellement par un nouveau sujet d'indignation, de haine, d'envie et, pour le dire en un mot, de rage.

TH.   Vous peignez certes vos hypothèses fort joliment, mais permettez-moi de vous poser deux questions.

PH.   Cent même si cela vous plaît.

1. Dès 1663-1664, Leibniz considère le plaisir comme un mouvement (A VI, 1, 61), contrairement à l'enseignement d'Aristote (*Éthique à Nicomaque*, X, 3-4, 1174a 13-1174b 23), mais certainement sous l'influence de sa lecture de Hobbes (voir par exemple : *Les Éléments de la loi naturelle et politique*, I, 7, 1-2). La félicité est ainsi l'état le meilleur (*optimus*), qui consiste en un progrès à l'infini de biens en biens et non dans l'arrêt, dans le repos de celui qui ne désirerait plus rien (état assimilé plutôt à la torpeur et à la stupidité) (voir *Éléments du droit naturel*, A VI, 1, 466 ; 483). Là encore la proximité avec le philosophe anglais est manifeste (*Les Éléments de la loi naturelle et politique*, I, 7, 7 ; *Léviathan*, I, 6). En 1676, le plaisir sera dit provenir « de la pensée de plusieurs choses, c'est-à-dire du passage à une perfection », de sorte que « la félicité elle-même consiste dans le passage continu et non empêché à une perfection plus grande » (A VI, 3, 518). Une telle conception explique l'interprétation que fait Leibniz de la vision béatifique ou « intuition de Dieu face à face », qui réside, selon lui, dans la « contemplation de l'harmonie universelle des choses » (A VI, 1, 499, c. 51) : « La vision béatifique, le plaisir du corps et la science des bienheureux, comme au contraire l'ignorance et la douleur du corps des damnés, augmentent à l'infini ; mais la vision béatifique augmente, parce qu'alors elle connaît les parties et leur harmonie, avant de connaître les parties des parties, car le continu est divisible à l'infini. NB. Il n'y a pas de fin dernière et la béatitude ne consiste pas dans ce qui fait cesser les désirs (*appetitus*), mais dans une progression non empêchée vers des fins toujours nouvelles. [Cf.] Hobbes. » (*ibid.*, c. 52). Voir aussi la fin des *Principes de la Nature et de la Grâce* (§ 18).

TH. L'une me vient en passant, l'autre est la principale. Vous dites que, comme la misère, la félicité croît perpétuellement, mais je ne saisis pas comment la vision de l'essence divine peut croître, car si elle est de l'essence, elle est exacte ; et si elle est exacte, elle ne peut croître.

PH. La connaissance exacte peut aussi croître, par la nouveauté non de la matière mais de la réflexion. Si vous avez neuf unités sous les yeux, vous avez compris exactement l'essence du nombre neuf. Or même si vous aviez la matière de toutes ses propriétés, vous n'en aviez pas cependant la forme ou la réflexion, car même si vous ne remarquez pas que trois fois trois, quatre plus cinq, six plus trois, sept plus deux et mille autres combinaisons font neuf, vous n'en avez pas moins pensé l'essence du nombre neuf. Je n'ajoute rien au sujet de la réunion du nombre neuf à d'autres unités extérieures à lui, car en ce cas non seulement la forme mais encore la matière des pensées est changée, et les propriétés considérées sont plutôt celles du tout qui résulte des deux nombres que celles du nombre neuf ; ce qui n'a pas lieu en Dieu, lequel ne peut être rapporté à rien en dehors de lui, puisqu'il a toutes choses en lui. Je vous donnerai donc l'exemple d'une chose finie, dotée de propriétés infinies, sans la rapporter d'aucune manière à des choses [qui lui sont] extérieures. Considérez ce cercle : si vous savez que toutes les lignes qui vont du centre à la circonférence sont égales, je pense que vous avez compris suffisamment clairement son essence, mais non pour cela encore d'innombrables théorèmes, car il y a autant de figures diverses et de figures régulières qui peuvent être inscrites dans ce cercle (autrement dit : même si on ne les a pas dessinées, elles sont déjà contenues en lui) qu'il y a de nombres. Il y en a donc une infinité, dont on ne trouvera aucune qui ne fournirait à celui qui cherche une provision immense de théorèmes.

TH. Je reconnais m'être souvent demandé avec étonnement de quelle nature était le plaisir dans la vision béatifique, l'esprit demeurant comme stupide et figé dans une unique contemplation immobile. Vous avez avec bonheur suffisamment dissipé pour moi ce nuage et vous avez concilié la *nouveauté* avec l'*omnité* (*omnitas*)[1]. Mais

---

1. Le concept d'*omnitas* appartient au vocabulaire scolastique et s'applique principalement à Dieu. Il se fonde sur l'autorité de l'Écriture, en particulier sur I Corinthiens 15, 28 (« Et quand toutes choses lui auront été soumises, alors le Fils lui-même sera aussi soumis à celui qui lui a soumis toutes choses, afin que Dieu soit tout en tout »). Dans sa *Theologia moralis fundamentalis* (édition de Rome, 1656), Juan Caramuel y Lobkowitz (1606–1682) écrit que « Dieu est *Omnité* par essence ; la grâce est *Omnité* par participation ». Il ajoute que « les Anciens ont bien dit que Dieu est Πάν comme Πᾶν, c'est-à-dire *tout* ». Il dit de l'apôtre Paul qu'« il aimait Dieu car il aimait l'Omnité : toutes choses sont en effet plus parfaitement en Dieu qu'en elles-mêmes » (t. II, livre II, chap. VI, *Fundamentum* II, p. 20). Dans l'*Index scholasticus* (à la fin de l'ouvrage), à l'entrée « LV. *Substantia* », figure la précision suivante : « Le premier concept de Dieu est l'Omnité : car Dieu est le trésor de toutes les perfections possibles et concevables, devenues identiques entre elles. De l'Omnité naissent l'Infinité et l'Aséité : parce que si toutes choses sont infinies, il sera l'infinité, lui qui possède toutes choses formellement ou éminemment. Et si en dehors de toutes choses il n'y a rien, lui qui contient toutes choses n'a pu être produit par d'autres choses. » L'omnité est donc à la fois l'unité et la totalité de toutes les perfections « possibles et concevables » dans cet unique sujet qu'est Dieu. Il est vrai que Leibniz emploie parfois le terme en dehors du contexte théologique : « La *Quantité* est la même chose que la totalité de la chose elle-même, c'est-à-dire ce par quoi quelque chose est dit un tout. Le tout est toutes ses parties. Donc la quantité est l'omnité (*omnitas*) des parties » (A VI, 2, 507 ; texte daté entre la deuxième moitié de l'année 1671 et le début de l'année 1672). Cependant, en tant qu'attribut divin et dans la mesure où la preuve « cartésienne » de l'existence de Dieu repose sur elle, la notion d'omnité

cette question était [posée] en passant, l'autre est celle que je m'étais disposé principalement à examiner : d'où vient cette séparation entre les âmes ? Pourquoi les unes brûlent-elles de l'amour de Dieu, les autres sont-elles portées à une haine [de Dieu] qui leur est funeste ? Quel est ce point de séparation et, pour ainsi dire, le cœur (*centrum*) de cette divergence, alors que souvent on peut croire, sur la base de l'apparence extérieure, que celui qui doit être damné est tellement semblable à celui qui doit être bienheureux qu'il n'est pas rare que nous prenions l'un pour l'autre ?

PH. Vous demandez des choses importantes, mon ami, et sur lesquelles la philosophie doute d'être suffisante.

TH. Mais essayez pourtant, car il est permis à la raison d'avancer tant qu'elle dispose elle-même de moyens pour cela, car jusqu'à maintenant, n'ayant pas encore été initié, vous n'avez pas touché, durant toute notre conversation, aux choses révélées avec des mains profanes.

PH. Apprenez ce que j'ai finalement conclu après beaucoup de méditation[a]. Sachez donc que, comme dans une république, dans le monde il y a aussi en gros deux genres d'hommes : *les uns qui sont contents de l'état présent, les autres qui y sont hostiles*. Ce n'est pas que les premiers eux-mêmes, contents et en repos, n'entreprennent

a. En tête du manuscrit L[2] figure le titre suivant : *Fragment d'une conversation entre Théophile et Épistémon sur la justice de Dieu à l'égard de la prédestination et sur d'autres questions touchant ce sujet.*

apparaîtra bientôt à Leibniz problématique, tant que la compatibilité de toutes les perfections en un même sujet n'aura pas été prouvée. Dans la lettre à Oldenburg du 28 décembre 1675, il fait la remarque suivante : « Il semble que nous pensions de nombreuses choses (bien sûr confusément) qui pourtant impliquent contradiction. Par exemple : le nombre de tous les nombres. Par suite, nous devons tenir pour très suspectes les notions d'infini, de minimum et de maximum, de très parfait et d'*omnité* même (*omnitatis*) » (A II, 1, 393).

quelque chose tous les jours, qu'ils ne cherchent à obtenir quelque avantage, à acquérir, à augmenter fortune, amis, puissance, plaisirs, réputation, sans quoi ils resteraient stupides plutôt qu'ils ne seraient contents ; mais c'est que, quand ils ont échoué, ils ne reportent pas pour cela leur haine sur la forme de république qui fait obstacle à leurs desseins et ils ne décident pas de faire une révolution, mais, l'esprit tranquille, ils poursuivent le cours de leur vie, pas plus ébranlés que s'ils avaient en vain essayé d'écraser une mouche qui s'échappe. Cette très juste distinction entre les bons et les mauvais citoyens doit être appliquée avec une plus grande rigueur encore à la République universelle dont Dieu est le gouverneur (*rector*)[1].

1. La comparaison de l'univers à une grande république gouvernée par Dieu est habituelle sous la plume de Leibniz. Elle apparaît dès *De l'Art combinatoire* (1666). La théologie y est définie comme une sorte de « jurisprudence spéciale » : « elle est en effet comme une doctrine du droit public qui a cours dans la République de Dieu sur les hommes, où les *Infidèles* sont pour ainsi dire des rebelles ; l'*Église* comme les bons sujets ; les *ecclésiastiques* et même le *Magistrat politique* comme les magistrats subordonnés ; l'*excommunication* comme le bannissement ; la doctrine de l'*Écriture sainte* et de la parole de Dieu comme la doctrine des lois et de leur interprétation ; la doctrine du *Canon* comme celle des lois authentiques ; la doctrine des *erreurs fondamentales* pour ainsi dire celle des délits capitaux ; la doctrine du *Jugement dernier* et du *jour ultime* comme celle du procès judiciaire et du terme prescrit ; la doctrine de la *rémission des péchés* comme celle du droit de grâce ; la doctrine de la *damnation éternelle* comme celle de la peine capitale, etc. » (A VI, 1, 190-191, § 47 ; voir aussi *Nouvelle méthode* […], A VI, 1, 294, § 5). Cette comparaison politique a une double origine. Elle est d'abord inspirée d'Augustin et des deux cités, terrestre et divine, fondées respectivement sur l'amour de soi jusqu'au mépris de Dieu, et sur l'amour de Dieu jusqu'au mépris de soi (*Cité de Dieu*, XIV, 28) ; ou encore de Luther et des deux royaumes, en guerre l'un contre l'autre, celui de Satan « prince de ce monde » et celui du Christ (*Du serf arbitre*, III, trad. de G. Lagarrigue, Paris, Folio-Gallimard, 2001, p. 446-448).

TH. Il en est ainsi, assurément, car dans une république, excepté dans la meilleure, telle qu'on désespère de la trouver chez les hommes, il sera inévitable que le malheur de certains sujets dérive parfois des lois elles-mêmes et il est aussi juste que ceux-là pensent à changer celles-ci, car cela leur est nécessaire. Dans la République de l'univers, c'est-à-dire dans la République la meilleure, dont Dieu est le roi, n'est malheureux que celui qui le veut [1].

PH. C'est exact. Donc dans le monde, aucune indignation n'est jamais juste, aucun mouvement de l'âme, en dehors de la tranquillité, n'est sans constituer une faute [a]. [b] Désirer de telle manière que l'on souffrira si l'on n'est pas satisfait est encore un péché et une certaine

a. En marge, à côté de la note suivante : « NB. NB. NB. »

b. En marge : « [Sténon] Mais comment concilier cela avec le système ?

[Leibniz] C'est le signe que mon censeur ne comprend pas le système. »

On notera cependant que Leibniz ne décrit pas deux cités antagonistes, régies par des principes contraires, voire deux cités opposées dans le temps (le royaume de Dieu étant appelé à s'établir dans l'avenir), mais une seule et unique république, dirigée par le monarque divin, divisée en bons et mauvais sujets. Une seconde source d'inspiration – mêlée à la première, clairement chrétienne – se dessine alors, stoïcienne celle-là. Suivant Cicéron, les dieux sont « en charge de gouverner un monde comme une république et une ville communes » (*De la nature des dieux*, II, XXXI, 78). « Ils [les stoïciens] pensent que le monde est régi par la volonté des dieux et qu'il est en quelque sorte la ville et la cité communes des hommes et des dieux, et que chacun de nous est membre de ce monde ; d'où il suit par nature que nous devons préférer l'utilité commune à la nôtre » (*Des fins des biens et des maux*, III, XIX, 64). Cette société commune se fonde sur le fait que hommes et dieux ont en partage la raison et sont donc soumis à la même loi (*Des lois*, I, VII, 22-23). Voir aussi Marc Aurèle, *Pensées pour moi-même*, IV, 4.

1. Même affirmation en février 1676 (A VI, 3, 476).

colère cachée contre Dieu, contre l'état présent des choses et contre la série et l'harmonie universelles dont cet état dépend.

TH. Mais il est impossible que celui qui a échoué n'en souffre pas.

PH. Ce qui est *conatus* [1] [effort] dans le corps est affect dans l'esprit ; or il y a des *conatus* qui l'emportent sur d'autres, d'autres qui sont annulés par des *conatus* contraires. Si un corps [a] tend de l'est vers l'ouest et, dans le même temps et sur la même ligne, une force égale [b] le fait reculer de l'ouest vers l'est, à cause de l'égalité respective des *conatus* opposés [c], il n'ira ni d'un côté ni de l'autre. De même les affects et les mouvements premiers ne peuvent aussi être supprimés, mais peuvent être annulés par des affects opposés, de sorte qu'ils manquent d'efficace. Celui dont le désir est déçu ne peut donc s'empêcher de

a. Dans le manuscrit L [2], « corps » est remplacé par « un bateau par l'effort des rameurs ».

b. Dans le manuscrit L [2] : « un vent opposé ».

c. Dans le manuscrit L [2], « opposés » est remplacé par « se combattant ».

1. Le concept de *conatus* est emprunté à la physique de Hobbes (*De Corpore*, III, 15). Pour Leibniz, dans sa première physique, il est « au mouvement comme le point est à l'espace ou comme l'un est à l'infini, car il est le commencement et la fin du mouvement » (*Théorie du mouvement abstrait*, hiver 1670-1671 ?, A VI, 2, 265 (10.)). Le *conatus* est l'« extrémité du mouvement ou minimum de mouvement » (*Pour le duc Jean-Frédéric*, 21 mai 1671, A II, 1, 181, § 11). Ainsi « le mouvement présent d'un corps naît de la composition des *conatus* précédents » (lettre à Arnauld, novembre 1671, A II, 1, 279). Dans la physique ultérieure, le *conatus* sera plutôt présenté comme un élément de force, susceptible d'engendrer, par sommation, les effets dynamiques que traduisent les corps en mouvement.

souffrir sur le moment, mais il ne peut, s'il est content du gouvernement du monde, continuer de souffrir [a], car aussitôt il pensera que *tout ce que est est le meilleur, non seulement en soi mais encore pour celui qui le reconnaît, et par conséquent tout se change en bien pour celui qui aime Dieu* [b]. C'est pourquoi il faut tenir pour certain que tous ceux auxquels le gouvernement de la terre ne plaît pas, auxquels il semble que Dieu aurait pu faire mieux certaines choses [1], et aussi ceux qui tirent de ce désordre des choses qu'ils se figurent des arguments en faveur de l'athéisme, haïssent Dieu. D'où il est clair que la haine de Dieu convient aussi aux athées, car, quoi qu'ils croient ou disent, pourvu que la nature et l'état des choses leur déplaisent, de ce fait ils haïssent Dieu, même s'ils n'appellent pas Dieu ce qu'ils haïssent.

a. Dans le manuscrit L [2], « continuer de souffrir » est remplacé par « s'abandonner à la douleur ».

b. En marge : « [Sténon] Mais d'où lui vient cette pensée suivant le système qu'il expose ?

[Leibniz] Il faut que mon censeur ait été très pressé en lisant ce qui précède. »

1. Leibniz vise ici tous ceux qui, d'une manière ou d'une autre, se plaignent de la providence divine, voire la remettent en cause, en alléguant les maux qui arrivent dans le monde. Il pense certainement aussi à des auteurs qui, sans être athées, considèrent que Dieu aurait pu « mieux faire ». Les thomistes notamment. Thomas d'Aquin affirme en effet que « L'univers produit par Dieu est le meilleur au regard de ce qui existe, non cependant au regard de ce que Dieu peut faire » (*De la puissance*, q. 3, a. 16, ad 17). Ainsi, il est à la fois vrai que – au regard du *mode d'agir* divin – l'univers « ne peut être meilleur qu'il n'est, si on le prend comme constitué par les choses actuelles, à cause de l'ordre très approprié attribué à ces choses par Dieu et en quoi consiste le bien de l'univers », et – au regard de l'*effet* produit par la puissance divine – que « Dieu pourrait faire d'autres choses, ou ajouter d'autres à celles qu'il a faites ; et ainsi cet autre univers serait meilleur » (*Somme théologique*, Ia, q. 25, a. 6, ad 3). Sur cette question, voir aussi *Discours de métaphysique*, art. 3.

TH. Si nous philosophons de la sorte, il ne sera pas même permis de travailler à réformer les choses.

PH. Au contraire : cela ne sera pas seulement juste et permis mais encore nécessaire, autrement on en reviendrait au sophisme paresseux rejeté plus haut[a]. C'est donc le propre de celui qui aime Dieu, c'est-à-dire l'harmonie universelle, d'être content des événements passés, car ces événements, parce qu'ils ne peuvent pas ne pas avoir eu lieu, il est certain que Dieu les a voulus et par conséquent ils sont les meilleurs. Mais concernant les événements futurs, puisque rien n'a été décidé au préalable, autant que nous le sachions, une place a été laissée à l'application (*industria*), à la délibération et à la conscience de chacun. De là, si celui qui aime Dieu s'interroge sur quelque vice ou mal, qui lui est propre ou étranger, privé ou public, à supprimer ou à corriger, il tiendra pour certain que ce vice ou mal n'a pas dû être réformé hier mais présumera qu'il devra l'être demain[1]. Je dis qu'il le présumera, jusqu'à ce qu'un nouvel échec lui prouve le contraire. Pourtant cette déception ne découragera ou n'abattra en rien son effort pour l'avenir et, en effet, ce n'est pas à nous de prescrire à Dieu le moment convenable et seuls les persévérants

a. En marge : « [Sténon] Vous accusez en vain le sophisme paresseux, si je ne peux pas faire autrement à cause de la série des choses. »

1. Loin de résider dans une dévotion passive, le véritable amour de Dieu doit porter l'homme à l'action. L'homme bon qui aime « est avide de plaisir de l'âme, il est harmonique, il aime la variété, la convenance (*congruitas*). Il est dans un perpétuel effort de changer quelque chose, c'est-à-dire de l'améliorer, ou de le corriger » (*Éléments du droit naturel*, A VI, 1, 479). Voir aussi, notamment, *Discours de métaphysique*, art. 4 ; lettre à Arnauld du 23 mars 1690 (A II, 2, 312-313) ; *Théodicée*, Préface, GP VI, 27-28. Cette conception de l'amour engagera Leibniz à rejeter toute espèce de quiétisme. En effet, « Dieu ne veut point des méditatifs fainéants » (lettre à Morell, décembre 1697-janvier 1698 ?, Grua 120).

seront couronnés [1]. *C'est donc le propre de celui qui aime Dieu de trouver bon le passé et de s'efforcer de rendre le futur le meilleur possible.* Seul celui qui est disposé ainsi a atteint la tranquillité de l'esprit que les philosophes sévères recherchent ardemment, la résignation de toutes choses en Dieu que les théologiens mystiques recherchent ardemment. Celui qui pense autrement, quels que soient même les mots qu'il ait à la bouche – foi, charité, Dieu, prochain – n'a pas connu Dieu, qu'il ne sait pas être la raison suprême de toutes choses et qu'il n'aime pas. Personne qui ignore Dieu ne peut l'aimer comme il faut, mais peut cependant le haïr. Il hait donc Dieu celui qui hait la nature, les choses, le monde ; celui qui veut que tout cela soit autrement, souhaite que Dieu soit autrement. *Celui qui meurt mécontent, meurt en haïssant Dieu :* et désormais, comme jeté dans l'abîme, il poursuit dans la voie qu'il a prise et, rien d'extérieur ne le ramenant davantage en arrière, puisque l'accès des sens a été fermé, il repaît son âme, qui s'est retirée en elle-même, de cette haine des choses qu'il nourrissait déjà et de ce malheur même, de ce dégoût, de cette indignation, de cette envie, de ce déplaisir, qui vont grandissant de plus en plus. Une fois le corps reconstitué [2] et les sens revenus, il trouve

1. Voir Actes 1, 7 ; Matthieu 10, 22 ; Apocalypse 2, 10.
2. Dans sa lettre au duc Jean-Frédéric du 21 mai 1671, Leibniz affirme que tout corps humain, animal, végétal, minéral, possède « un noyau (*Kern*) de sa substance ». Ce noyau « si subtil » demeure malgré la destruction de l'animal et peut « se contracter en un centre invisible » que rien ne pourra anéantir. Ce noyau est « un point physique », « organe très proche et pour ainsi dire véhicule de l'âme, qui consiste en un point mathématique » (A II, 1, 175-176). C'est à partir de ce « centre séminal s'étendant lui-même (*diffusivum sui*), qui contient pour ainsi dire la teinture de la chose et en conserve le mouvement spécifique » (A II, 1, 185, § 7) que l'on peut expliquer la résurrection des corps.

perpétuellement un nouveau sujet de mépris, de désapprobation, de colère, et il est d'autant plus torturé qu'il peut moins changer et supporter ce torrent des choses qui lui déplaît. Mais la douleur se change en quelque sorte en plaisir et les misérables se réjouissent de trouver par quoi être torturés. De même chez les hommes, ceux qui sont malheureux, en même temps qu'ils envient ceux qui sont heureux, recherchent aussi ce qu'ils blâment, sans autre profit que de s'indigner, avec une douleur plus libre, plus immodérée et tournée en une certaine harmonie ou apparence de raison, que tant de sots, pensent-ils, soient maîtres des choses. En effet, chez les envieux, les indignés et les mécontents de ce genre, le plaisir est mêlé à la douleur dans une proportion étonnante, car comme ils se plaisent et se réjouissent à l'idée qu'ils se font de leur sagesse, ainsi ils souffrent avec d'autant plus de fureur que la puissance – qui, pensent-ils, leur est due – leur manque, ou bien échoit à d'autres qui en sont indignes. Vous avez donc l'explication de ces paradoxes si surprenants : à savoir que personne, si ce n'est celui qui le veut, je ne dirai pas n'est damné, mais ne reste damné, à moins de se damner soi-même, que les damnés ne sont jamais absolument damnés, mais toujours damnables ; que les damnés le sont par une telle obstination, une telle perversion du désir (*appetitus*), une telle aversion pour Dieu, que rien ne les réjouit plus que d'avoir de quoi souffrir et qu'ils ne recherchent rien tant que de trouver une raison de s'irriter ; que tel est le degré suprême, volontaire, incorrigible, désespéré, éternel de cette rage de la raison ; et donc que les damnés ne peuvent ni ne veulent jamais recourir à ces plaintes, que nous leur avons attribuées plus haut, ni à ces reproches contre la nature, l'harmonie universelle, Dieu, comme étant les auteurs de leur malheur.

TH. Dieu immortel! Comme vous avez changé vos paradoxes en endoxes [1] ! Je reconnais que les *saints Pères* n'ont pas été hostiles à ce genre d'explication. Et la pieuse antiquité, par une fable simple mais avisée, a représenté presque de cette façon les dispositions dans lesquelles se trouvent les damnés. Je ne sais quel ermite, comme enivré [a] par ses contemplations profondes, commença de s'affliger sérieusement qu'un si grand nombre de créatures doivent périr [b]. Il cherche donc à gagner Dieu par des prières, témoigne la sincérité de son désir et dit : « Ô Père, pouvez-vous regarder avec indifférence la perte de tant de

---

a. Dans le manuscrit L [2] : « enivré » est remplacé par « entraîné ».

b. En marge du manuscrit L [2] : « Sur l'accord à établir entre le Christ et le diable, tiré des *Antiquités franciscaines* de Philippe Bosquier, première partie du *Miroir* [*de la vie du bienheureux François et de ses disciples*], chapitre 97, page 186 (édition de Cologne, 1625) : "Vous avez entendu plusieurs fois frère Jacques de Pocali racontant, dans son prêche à Bologne, que saint Macaire voulut faire la paix entre Dieu et le diable. Et le Seigneur dit à Macaire : *Si le diable veut avouer sa faute devant moi, je lui pardonnerai*. Étant retourné auprès du diable, Macaire lui rapporta les paroles du Seigneur. Le diable répond : *C'est au contraire le crucifié lui-même qui doit s'agenouiller devant moi et m'avouer sa faute, parce qu'il nous a fait demeurer tant d'années en Enfer*. Alors Macaire dit : *Va-t-en Satan!* et il le chassa. Et de fait celui-ci ne lui apparut plus jamais." » Philippe Bosquier (1561 ou 1562-1636) fut un prêtre et prédicateur franciscain de la Province de Flandre. Les *Antiquitates franciscanae seu Speculum vitae Beati Francisci et sociorum ejus* parurent la première fois à Cologne en 1623.

1. Le terme vient d'Aristote, *Topiques* I, 1, 100a 18-100b 24. Alors que le paradoxe étonne en ce qu'il s'éloigne de l'opinion commune, l'endoxe (ἔνδοξον) – objet propre de la dialectique (100a 29-30) – y est au contraire conforme, en ce qu'il exprime le sentiment du plus grand nombre, ou d'un certain groupe de personnes autorisées (les sages par exemple). Ce « consensus » lui confère un caractère plausible. Dans les *Nouveaux Essais sur l'entendement humain* (IV, 2, § 14 ; A VI, 6, 372), Leibniz traduit « endoxe » par « l'opinable » et le distingue expressément du probable.

vos enfants ? Ah ! recevez en grâce ces misérables démons,
qui entraînent avec eux tant d'âmes en Enfer ! » À celui
qui demande ainsi à grands cris, le Tout-puissant [répond]
calmement, *avec ce visage qui apaise ciel et tempêtes*[1] :
« Je vois la simplicité de ton cœur, mon fils, et je pardonne
l'excès de ta passion. De mon côté, il n'y a assurément
aucun obstacle : fais en sorte qu'il y en ait qui demandent
pardon. » Alors l'ermite, plein d'adoration : « Soyez béni,
ô Père de toute miséricorde, ô fontaine inépuisable de
grâce[2] ! Et maintenant, avec votre permission, je m'en
vais trouver celui qui, auteur de son malheur et de celui
d'autres, ignore encore le bonheur de ce jour. » Étant parti,
il rencontre le Prince des diables – un hôte habituel pour
lui[3] – et, se précipitant immédiatement sur lui, lui dit :
« Ô bienheureux que tu es ! Ô heureux que ce jour où
l'accès au salut, fermé depuis presque le commencement
du monde, t'est ouvert ! Va maintenant ! et plains-toi de la
cruauté de Dieu, auprès duquel la supplication d'un
misérable ermite en faveur de rebelles de tant de siècles a
fait effet ! » Lui, pareil à celui qui s'indigne et pareil à
celui qui menace : « Et qui t'a fait notre avocat ? Qui t'a
convaincu d'une si folle miséricorde ? Sache, sot que tu
es, que nous n'avons pas besoin que tu intercèdes pour
nous, ni que Dieu nous fasse grâce.

1. Citation de Virgile, *Énéide*, 1, 255.

2. Voir II Corinthiens, 1, 3 (« Pater misericordiarum »); « fons
gratiae » : l'expression, courante pour célébrer, selon les liturgies, la
Vierge Marie, Dieu ou le Christ, se trouve dans Éphrem le Syrien,
Sermo IX. De sanctissimae Dei genitricis virginis Mariae laudibus II, V
(*Opera*, t. IV, Paris, chez Paul Mellier, 1842, p. 438) et dans Augustin,
De praedestinatione sanctorum, XV, 31.

3. O. Saame (*op. cit.*, p. 187, note 190) commente ce passage en
s'appuyant sur le chapitre consacré à saint Macaire dans la *Légende
dorée* de Jacques de Voragine. Ce dernier raconte en effet (au chap. XIX)
que le saint eut plusieurs rencontres avec le démon.

L'Ermite : Ô entêtement ! Ô aveuglement ! Je t'en prie, arrête et permets que l'on traite avec toi.

Belzébuth : Toi, tu vas m'instruire sans doute ?

L'Ermite : Mais quel petit sacrifice représente les quelques instants que tu consacreras à écouter un pauvre petit homme qui désire le meilleur pour tous ?

Belzébuth : Que veux-tu donc ?

L'Ermite : Sache que j'ai parlé de votre salut avec Dieu.

Belzébuth : Toi ? avec Dieu ? Ô honte du Ciel ! Ô infamie du monde ! Ô indignité de l'univers ! Et c'est lui qui préside aux choses, lui qui demande aux anges de trembler devant une autorité qui s'est tellement abaissée auprès de ces vers de terre ? J'éclate de colère et de rage.

L'Ermite : Ah ! Abstiens-toi de ces paroles injurieuses si près de la réconciliation.

Belzébuth : Je suis hors de moi.

L'Ermite : Tu reviendras en toi-même, quand tu auras appris avec quelle tendresse de père Dieu attend le retour du fils en son sein.

Belzébuth : Est-il même possible que celui qui nous a rendus sauvages par tant d'injustices veuille la réconciliation ? Que celui qui nous a tant de fois causé du tort vienne à résipiscence ? Que celui qui veut passer pour omniscient reconnaisse son erreur, que celui qui veut passer pour omnipotent se soumette ? Et toi donc, à quel prix penses-tu que la paix sera conclue ?

L'Ermite : Ce sera mon unique demande de pardon, qui éteint les colères, enterre les haines, qui ensevelit la mémoire même des choses passées comme dans les profondeurs de la mer.

Belzébuth : À cette condition, va annoncer que je suis disposé à l'amitié.

L'Ermite : Sérieusement ?

BELZÉBUTH : N'en doute pas.

L'ERMITE : Ne te joue pas de moi.

BELZÉBUTH : Va seulement et présente l'affaire conclue.

L'ERMITE : Ô que je suis heureux ! Ô jour serein ! Ô hommes délivrés ! Ô Dieu béni !

DIEU : Que m'apportes-tu avec tant de sauts de joie ?

L'ERMITE : L'affaire est réglée, ô Père ! Maintenant le règne, la puissance, le salut, la force, l'honneur et la gloire de notre Dieu et de son Christ, car il a été converti, celui qui nous accusait chaque jour, celui qui par ses rugissements en appelait nuit et jour à notre perte.

DIEU : Quoi ? As-tu ajouté aussi comme condition la demande de pardon ?

L'ERMITE : Il a approuvé cette condition.

DIEU : Vois que l'on ne te trompe pas.

L'ERMITE : Je m'en vais l'amener à la remplir.

DIEU : Holà toi ! Établissons par avance la formule.

L'ERMITE : Je la stipulerai expressément.

DIEU : Annonce donc que ceux qui veulent être reçus en grâce auront à employer devant mon trône ces paroles solennelles : « Moi, je confesse par ma bouche et je reconnais en mon cœur que par ma méchanceté j'ai été la cause de mon malheur, et que j'aurais rendu ce malheur éternel si votre ineffable pitié n'avait pas dissipé ma folie. Maintenant, après avoir senti la différence entre la lumière et les ténèbres, l'âme en paix, je préfère souffrir toutes les pires choses plutôt que de retourner, à cause d'une nouvelle offense, à cet état, dont [on peut dire] qu'il ne peut rien exister de plus horrible dans la nature des choses. »

L'ERMITE : J'ai la formule et maintenant j'irai, ou plutôt je volerai.

BELZÉBUTH : As-tu des ailes ?

L'ERMITE : C'est la passion qui m'a rendu si rapide. Voici la formule de demande de pardon.

BELZÉBUTH : Je vais la lire, s'il te plaît. Mais quand la condition sera-t-elle remplie ?

L'ERMITE : Quand tu le voudras.

BELZÉBUTH : Comme si l'obstacle était de mon côté.

L'ERMITE : Eh bien ! allons donc devant le trône de Dieu.

BELZÉBUTH : Quoi ? As-tu assez de raison ? Est-ce à moi d'aller à lui, ou à lui d'aller à moi ?

L'ERMITE : Ne plaisante pas dans une affaire si importante.

BELZÉBUTH : Ira [à l'autre] celui qui a à demander pardon.

L'ERMITE : Nous irons donc.

BELZÉBUTH : Tu es fou !

L'ERMITE : N'est-ce pas à toi de demander pardon ?

BELZÉBUTH : Est-ce cela même que tu as promis ?

L'ERMITE : Qui aurait promis autre chose, même en rêve ?

BELZÉBUTH : N'est-ce pas à moi que l'on a causé du tort ? Me ferai-je suppliant devant ce tyran ? Ô le bel intercesseur ! Ô peste d'homme ! Ô modèle de prévaricateur !

L'ERMITE : Ah ! que fais-tu ?

BELZÉBUTH :

Le poison entre dans les membres et déjà se
déchaîne
La rage à travers tout le corps : il faut que le
crime s'ajoute au crime[1].
Ainsi sommes-nous apaisés. Une seule victime
pour l'enragé :
L'ennemi sacrifié. Il me plaît de disperser sa
chair aux vents,

---

1. Allusion à Cicéron, *In L. Catilinam orationes*, I, VI, 14.

Déchirée vivante, arrachée en mille morceaux,
Transformée en autant de témoignages de ma
douleur,
Et, quand la trompette appellera pour la
résurrection[1]*,*
Ainsi de l'en priver[2]*.*

L'Ermite : Dieu ! Portez-vous à mon secours !

Belzébuth : *Gouffres du blême Averne et vous lacs du Ténare* [3].

L'Ermite : Il a disparu, je respire. Où est-il allé, le misérable ? Il en a laissé l'indice par ses toutes dernières paroles. Ô désespéré ! Ô ennemi de Dieu, de l'univers, de soi-même ! Je les laisse ces maudits, qu'ils gardent pour eux leur folie volontaire. Mais louange, honneur, gloire à vous, ô mon Dieu ! Vous qui avez bien voulu montrer à votre serviteur votre miséricorde en même temps que votre justice de manière si éclatante, vous avez enlevé toutes ces tentations de douter qui tendaient à vous rendre ou injuste ou impuissant. Maintenant mon âme est en repos et se repaît d'inépuisables délices à la lumière de votre beauté.

Notre ermite achève par ces mots et moi avec lui.

PH.   Vous avez coupé l'austérité de notre raisonnement par un plaisant intermède, ou plutôt vous l'avez scellé par un épilogue. Car désormais, si je ne me trompe, nous pouvons finir en toute sûreté.

1. Allusion à I Corinthiens, 15, 52 et à Apocalypse 10, 7.
2. C'est-à-dire de le priver de sa chair, donc d'un corps.
3. Citation tronquée de Sénèque, *Phèdre*, 1201 (Leibniz a remplacé *specus* par *lacus*). Selon les poètes de l'Antiquité, le lac Averne (en Campanie) et le cap Ténare (en Laconie) étaient censés abriter une entrée conduisant aux Enfers.

TH. Permettez que je vous demande encore une chose. Je reconnais que vous avez démontré que les damnés ne peuvent ni ne peuvent vouloir se plaindre de Dieu, du monde, d'aucune chose. Il reste seulement que Dieu, sur ce jugement mystérieux, satisfasse d'autres esprits qui sont tout étonnés et bien plus se satisfasse lui-même. Car, quoiqu'il me semble discerner, comme de loin, à partir de ce qui a été établi, le moyen de régler cette affaire, je préfère cependant vous entendre le rapporter.

PH. De quoi donc quelqu'un peut-il se plaindre encore maintenant ? Car ni Dieu, ni quelqu'un de bienheureux ne serait bienheureux, ou plutôt ne serait, si la série des choses n'était pas comme elle est[a].

TH. Personne ne peut se plaindre, je le reconnais. Certains pourront s'étonner seulement de deux choses : d'abord, *pourquoi la raison du monde ne se serait-elle pas maintenue sans la damnation de certains ?* ensuite, *pourquoi les circonstances des choses ont-elles fait que cette âme-ci plutôt que cette âme-là, dans cette masse-ci de chair plutôt que dans cette masse-là, se rende ou plutôt se veuille malheureuse ?*

PH. La première question est à la fois la plus facile et la plus difficile. La plus facile, si vous êtes d'accord avec moi quand je soutiens que ce fut ainsi le meilleur et conforme à l'harmonie universelle ; ce qui est montré par l'effet et, comme on dit dans les écoles, *a posteriori*, par cette raison même que cela s'est réalisé. En effet, il est établi par une démonstration invincible que tout ce qui existe est le meilleur ou le plus harmonique (άρμονικώτατον), parce que la première et la seule cause *efficiente* des choses

---

a. Dans le manuscrit L[2], Leibniz a ajouté : « En effet, quoique cette série ait été choisie librement, elle l'a été cependant infailliblement, parce qu'elle est la meilleure. Comme je l'ai prouvé plus haut. »

est l'esprit [1] ; la cause qui meut l'esprit, c'est-à-dire la *fin* des choses, est l'harmonie ; la cause qui meut l'esprit le plus parfait est l'harmonie la plus haute [a]. Mais si, non content de ce raisonnement, vous voulez que l'on vous découvre cette harmonie elle-même, qui cause tant de merveilles, et que l'on vous démontre *a priori* qu'il était conforme à la raison qu'elle advienne ainsi dans le monde, vous demandez une chose impossible à un homme qui n'a pas encore été admis aux secrets de la vision de Dieu.

TH. Fasse que le monde puisse être persuadé, aussi clairement que vous l'avez prouvé, que tout ce qui est, si vous regardez la totalité des choses, est le meilleur ! Assurément, si tous le croyaient, nous aurions moins de péchés ; si tous s'en souvenaient toujours, nous n'en aurions aucun [b]. Chacun aimerait le Créateur, on fermerait la bouche

---

a. En marge : « [Sténon] Mais d'où vient l'harmonie des choses ? Pourquoi ne viendrait-elle pas de l'esprit lui-même qui ordonne les diverses choses ? Et pourquoi n'est-il pas possible d'admettre la prévision des accords et des désaccords comme un argument en faveur de la science la plus parfaite ?

[Leibniz] Il ne comprend pas. L'harmonie des choses est quelque chose d'idéal, c'est-à-dire qu'elle est déjà considérée dans les possibles.

Parce qu'une série de possibles est plus harmonique (ἁρμονικώτερος) qu'une autre. »

b. En marge : « [Sténon] Nous aurions donc une autre série. Donc l'auteur lui-même n'est pas satisfait d'une seule série, quand il en souhaite une autre.

[Leibniz] Objection ridicule. Nous souhaitons des choses futures, parce que nous ignorons ce que Dieu a décidé à leur sujet ; donc nous ne souhaitons pas une autre série. »

1. Leibniz a montré, dans la *Profession de foi de la Nature contre les Athées* (1668), que les corps ne peuvent subsister par eux-mêmes sans un principe incorporel, qui produit leur grandeur, leur figure et leur mouvement. Ce principe est l'esprit (A VI, 1, 490-92). Par conséquent, le corps – « esprit momentané », incapable de retenir son *conatus* au-delà d'un instant (*Théorie du mouvement abstrait*, A VI, 2, 266, (17)) – n'a pas d'efficace propre. Seul l'esprit est une véritable cause.

à l'athéisme et l'on contraindrait au silence ces fous censeurs de la providence, qui, n'ayant entendu que quelques mesures du chant, jugent précipitamment et injustement (*incivile* [1]) de la mélodie tout entière. Ils ignorent que, dans cette presque infinité des choses et, pour ainsi dire, dans cette répétition (*replicatio*) de mondes dans des mondes (car le continu est divisible à l'infini [2]), il est impossible à un mortel qui n'a pas encore été purifié d'embrasser par l'esprit le chant tout entier. Ils ne reconnaissent pas que ces dissonances interposées dans les parties rendent la consonance de l'univers plus exquise, de même que deux nombres impairs s'unissent en un nombre pair [a], ou plutôt qu'il est de l'essence de l'harmonie que la diversité discordante soit merveilleusement compensée par une [b] unité pour ainsi dire inattendue [c]. Ce que les auteurs non seulement de mélodies mais encore de ces histoires faites pour se divertir, que l'on appelle des romans, tiennent pour une règle de l'art. Cependant il vous reste à résoudre cette autre question : puisque [d] les âmes sont par elles-mêmes

a. « (par exemple 1 et 3 font 4. De même 3 et 5 font 8.) » [barré]

b. « identité » [barré]

c. En marge du manuscrit L [2] : « 1 plus 3 font 4. »

d. Dans le manuscrit L [2] : « peut-être certaines âmes ~~ou, si elles diffèrent par le degré de perfection, elles ont du moins ceci de commun d'être pures à l'instant de leur naissance~~ »

1. La référence à ce *judicium incivile* rappelle un axiome tiré du *Digeste*, que Leibniz citera dans la *Théodicée* (§ 128) : « Incivile est nisi tota lege inspecta judicare » (« il est contraire au droit de juger sans prendre en considération la loi tout entière »). La formule complète du *Digeste* (I, 3, 24) est la suivante : « Incivile est, nisi tota lege perspecta, una aliqua particula ejus proposita, judicare, vel respondere » (« il est contraire au droit de juger ou de répondre à propos d'une loi dont on n'a considéré qu'une seule partie, sans l'avoir examinée tout entière »).

2. Thèse affirmée dès 1665 (*Des conditions*, A VI, 1, 111). L'image de « mondes dans des mondes à l'infini » se trouve au § 43 de l'*Hypothèse physique nouvelle* (1671), A VI, 2, 241.

très semblables entre elles, ou, comme on dit dans les écoles, diffèrent seulement par le nombre ou du moins par le degré et, par conséquent, ne sont variées que par les impressions[a] externes, quelle raison peut-il y avoir à la diversité dans cette harmonie universelle ? Pourquoi cette âme plutôt que ces autres est-elle exposée à des circonstances qui vont corrompre sa volonté, ou (ce qui revient au même) est placée en ce temps à ce lieu ?

PH. La question semble difficile, mais c'est plutôt en raison de la manière compliquée dont elle est posée qu'en raison de la nature du problème. Elle touche en effet la très épineuse étude du *principe de l'individu*, c'est-à-dire de la distinction des choses qui diffèrent seulement par le nombre. Soient deux œufs semblables au point que pas même un ange (la ressemblance étant, par hypothèse, la plus grande) ne puisse y remarquer de différence ; et pourtant qui nierait qu'ils diffèrent ? au moins par cela que l'un est celui-ci, l'autre est celui-ci, c'est-à-dire par l'*haeccéité*[1] ou parce qu'ils sont un œuf et un autre œuf, c'est-à-dire

---

a. « du corps » [barré]

1. Le concept d'*haecceitas* (formé sur le démonstratif latin *haec :* « celle-ci ») était traditionnellement attribué à Jean Duns Scot (1266-1308), bien que le terme ait en réalité été employé par ses disciples et commentateurs. Il est le principe qui fait qu'un être est *celui-ci* et se distingue de tous les autres qui appartiennent à la même espèce que lui. L'haeccéité est donc ce qui fait la réalité ultime d'une chose. Elle désigne la différence qui s'ajoute à la nature spécifique (commune à plusieurs individus) pour former cet individu singulier-là. Dans sa *Dissertation métaphysique sur le principe de l'individu* (1663), Leibniz présente et réfute la doctrine scotiste (§ 16-26, A VI, 1, 15-18). Il n'en conserve pas moins le terme. Il écrit ainsi dans un texte daté entre le milieu de l'année 1671 et le début 1672 : « la quantité est l'haeccéité elle-même, par laquelle on pense la chose comme celle-ci » (A VI, 2, 488). Un nouvel usage en sera fait à l'article 8 le *Discours de métaphysique*, comme synonyme de « notion individuelle ».

par le nombre. Mais que voulons-nous signifier quand nous comptons, c'est-à-dire quand nous disons *ceci* (car *compter* c'est répéter *ceci*)? Qu'est-ce que *ceci*, c'est-à-dire la détermination? Quoi? sinon la sensation (*sensus*) du temps et du lieu, c'est-à-dire ou bien le mouvement de la chose considérée, par rapport à nous ou à une chose déjà déterminée, ou bien notre mouvement (pensez au mouvement de la main ou du doigt par lequel nous montrons), ou celui d'une chose déjà déterminée, comme d'un bâton pour montrer une chose donnée. Voilà donc ce qui vous étonne : les principes de l'individuation en dehors de la chose elle-même [1]. En effet, il n'est pas possible à un ange ou – j'ose le dire – à Dieu d'assigner une autre différence entre ces œufs (la ressemblance étant, par hypothèse, la plus grande) que celle-ci : à présent celui-ci est dans le lieu *A*, celui-là dans le lieu *B*. C'est pourquoi, pour pouvoir continuer à les distinguer – ce en quoi consiste la *désignation* (c'est-à-dire la détermination continuelle) –, il est nécessaire

---

1. Leibniz abandonnera bientôt cette thèse. Dès 1676, s'il admet encore que le principe d'individuation puisse être extérieur à la chose, à savoir dans sa cause, il n'évoque plus une différenciation fondée uniquement sur l'espace et le temps. L'hypothèse suivante semble plutôt recueillir ses faveurs : « deux choses différentes diffèrent toujours également en soi en quelque chose » (voir *Méditation sur le principe de l'individu*, A VI, 3, 491). La doctrine de la substance élaborée dans la première moitié de la décennie 1680, permettra de penser une individuation par la notion complète (donc de manière exclusivement interne) et, ainsi, de poser que deux êtres ne sauraient jamais se ressembler parfaitement ni différer seulement par le nombre (voir *Discours de métaphysique*, art. 8 et 9 ; la lettre à Arnauld de juin 1686, A II, 2, 57-58). Cette dernière proposition deviendra le principe dit des « indiscernables ». Temps et espace ne seront donc plus des principes externes par lesquels les êtres sont distingués, mais des « circonstances » comprises dans la notion des substances individuelles (voir par exemple la lettre à Arnauld du 4 juillet 1686, A II, 2, 71).

(supposé qu'il ne soit pas permis de les recouvrir d'un enduit, de leur attacher aucune marque, ou d'imprimer sur eux aucun signe, par quoi ils cesseraient d'être entièrement semblables), ou bien que vous déposiez ces œufs dans un lieu immobile, où ils restent aussi sans bouger, ou bien que vous fassiez en sorte que le lieu ou le récipient qui les contient, s'il est en mouvement, ne soit pas cependant susceptible de se briser et qu'ils soient solidement maintenus en lui, de sorte qu'ils gardent toujours la même place par rapport à certaines marques précises, préalablement imprimées sur des parties déterminées du récipient, ou bien enfin, si vous les laissez entièrement libres, il sera nécessaire que, tout le temps et dans tous les lieux, vous suiviez des yeux ou des mains ou par un autre genre de contact le mouvement de chacun.

TH.   Vous me racontez là des choses étonnantes et qui, je crois, ne sont venues à l'esprit d'aucun scolastique, même en songe, mais que cependant personne ne peut nier, parce qu'elles ont été tirées de la pratique de la vie et parce que les hommes ne raisonnent pas autrement pour distinguer des choses entièrement semblables. Mais qu'en aurez-vous inféré quant aux âmes ?

PH.   Quoi ? sinon que les âmes aussi, ou, comme je préfère les appeler, les esprits[a], sont comme individués, c'est-à-dire deviennent *ces* esprits-*ci* par le lieu et le temps. Ceci posé la question disparaît entièrement. En effet, demander pourquoi cette âme plutôt qu'une autre a été d'emblée placée dans ces circonstances de lieu et de temps (d'où naît la série entière de la vie, de la mort et du salut ou de la damnation), et par conséquent passe des unes aux autres circonstances, la série des choses en dehors d'elle

a. Dans le manuscrit L[2] : « qui autrement sont semblables ».

le voulant ainsi, c'est demander pourquoi cette âme est cette âme [1]. Figurez-vous qu'une autre âme ait commencé d'exister en *ce* corps-*ci* (c'est-à-dire occupant le même lieu et le même temps), dans le même lieu et le même temps que ceux dans lesquels celle-ci avait commencé d'exister, cette âme elle-même que vous appelez autre ne serait pas autre, mais *celle-ci*[a]. Si quelqu'un s'indignait

a. En marge : « [Sténon] Vous dites cela, mais d'où en tirez-vous la preuve ? Pourquoi une autre âme, placée dans les mêmes circonstances de lieu et de temps, n'agirait-elle pas autrement ? Mais [il suit] aussi de là, selon [Leibniz], qu'une âme serait exempte de toute faute dans sa damnation, si toute âme placée dans les mêmes circonstances qu'elle agissait pareillement. L'argument ne vaut pas, parce que je ne trouve pas dans les âmes de causes de diversité. Donc il n'y en a pas là. Ne cherche-t-on pas à tirer de sa propre ignorance la conséquence qu'une chose n'est pas ?

[Leibniz] La réponse est facile. La même âme, n'ayant pas été entièrement formée (*imbuta*), placée dans les mêmes circonstances, agirait pareillement, car elle ne serait pas réellement une autre mais la même, parce qu'il n'y aurait aucune différence. »

1. Voir *Discours de métaphysique*, art. 30 : « Mais, dira quelqu'autre, d'où vient que cet homme fera assurément ce péché ; la réponse est aisée, c'est qu'autrement ce ne serait pas cet homme » (A VI, 4-B, 1576). Dans un opuscule intitulé dans l'édition académique *De la liberté, du destin, de la grâce de Dieu* (1686-1687), Leibniz prend l'exemple du reniement de Pierre : si celui-ci n'avait pas péché (quoique librement), il n'aurait pas été ce Pierre-ci. Et de citer Hugues de Saint-Victor qui, à la question de savoir « pourquoi Dieu a aimé Jacob et haï Esaü », répondait que « l'on ne peut en donner d'autre raison que celle qui fait que Jacob n'est pas Esaü ; ce qui est absolument vrai » (A VI, 4-B, 1603). Voir aussi *Échantillon de découvertes sur des secrets admirables de la nature en général* (1688), A VI, 4-B, 1619. La question (n° 237) que pose exactement Hugues de Saint-Victor (1096-1141), dans les *Quaestiones et decisiones in epistolas D. Pauli* (I), est la suivante : « On demande pourquoi Jacob ne fut pas le premier à naître et Esaü le second, pour qu'ainsi Esaü fût au moins choisi ? ». La réponse est celle-ci : « C'est demander pourquoi Jacob n'est pas Esaü et inversement. Et pour cela la question est sans raison » (Migne PL 175, p. 490).

de n'être pas né lui-même d'une reine, [ou] à l'inverse que
le roi ne soit pas né de sa propre mère, il s'indignerait de
n'être pas lui-même un autre, ou plutôt il s'indignerait pour
rien, car tout reviendrait au même et lui-même, alors enfant
royal, ne rêverait pas maintenant de lui-même comme d'un
fils de paysan[1]. De la même manière, j'ai définitivement
paré [les arguments de] ceux qui s'indignaient que Dieu
n'ait pas aussitôt retiré du monde Adam et Ève, une fois
qu'ils avaient péché (afin que la faute ne se propage pas à
leurs descendants), pour les remplacer par d'autres meilleurs.
J'ai en effet rappelé que, si Dieu avait fait cela, le péché
ayant été supprimé, une tout autre série de choses, de tout
autres combinaisons (*conjunctiones*) de circonstances,
d'hommes, de mariages, de tout autres hommes auraient
été produits et par conséquent, le péché ayant été supprimé
ou effacé, eux-mêmes n'auraient pas existé dans le monde.
Et donc qu'ils n'ont pas de raison de s'indigner que Adam
et Ève aient péché, beaucoup moins encore que Dieu ait
toléré le péché, puisqu'ils doivent plutôt porter leur existence
au crédit de cette tolérance même des péchés. Vous voyez
combien les hommes se tourmentent eux-mêmes avec des
questions vaines, comme si quelqu'un qui est à demi noble
s'irritait contre son père, parce qu'il a épousé une femme

---

1. Comme le suggère Sleigh (*op. cit.*, note 117, p. 164), Leibniz
pourrait s'inspirer ici d'un exemple de Thomas d'Aquin : « Or ce n'est
pas sans un désordre de la volonté que quelqu'un souffre de ne pas
avoir ce qu'il n'a jamais pu obtenir ; ainsi, il serait désordonné qu'un
paysan souffrît de n'avoir pas obtenu la royauté » (*Du mal*, q. 5, a. 3,
co.). Le *Discours de métaphysique* évoquera, à l'article 34, l'exemple
d'un particulier devenant roi de la Chine, « mais à condition d'oublier
ce qu'il a été ». En ce cas, « n'est-ce pas autant dans la pratique, ou
quant aux effets dont on se peut apercevoir, que s'il devait être anéanti
et qu'un roi de la Chine devait être créé dans le même instant à sa
place ? Ce que ce particulier n'a aucune raison de souhaiter » (A VI,
4-B, 1584).

de rang inférieur (quoique les hommes ne manquent pas de sentiments pareils et même de plus fous encore), sans penser que si son père avait épousé une autre femme, ce n'est pas lui mais un autre homme qui existerait dans le monde.

TH. Je n'ai rien de plus à vous demander, rien dont je me plaigne, rien à objecter, rien dont je m'étonne encore, sinon de l'éclaircissement inattendu de toute l'affaire que vous avez débrouillée. Je ferais approuver plusieurs [de vos arguments], si je ne craignais pas que les hommes ne nous suspectent de collusion.

PH. Que d'autres alors en jugent plutôt, pourvu qu'ils le fassent en hommes honnêtes et intelligents, qui sont attentifs, qui admettent le sens des mots tel qu'il a été posé et n'en avancent pas un autre, qui n'aiment pas les consé- quences détournées imputées à l'auteur, auxquelles il ne pensait pas même en rêve, qui n'aiment pas les railleries mordantes, signes de désordres de l'esprit, mais qui brûlent d'un zèle égal pour défendre la gloire divine et éclairer les esprits.

[La fin du texte, donnée ci-dessous, a été supprimée dans les manuscrits L¹ et L²]

TH. Mais supposez que vous vous soyez trompé. Il suffirait que pas même la calomnie et l'envie elles-mêmes ne puissent tirer de [vos propos] quelque chose d'hérétique, ou ne puissent prouver que celui qui parle ainsi, croit ainsi, meurt ainsi soit voué à la damnation et ne doive pas être tenu pour un fils de l'Église, notre mère commune, ou ce qui revient au même, pour un frère.

PH. Je l'espère en tout cas et, plein de cette espérance, je me soumets à ce qui est reconnu universellement [1] (*catholico consensui*) dans l'Église, dans la République chrétienne, dans l'antiquité, mais aussi aux opinions reçues de notre siècle, enfin à tout homme raisonnant de façon plus juste [que moi]. Que l'on m'accuse, je ne peux l'empêcher. Je demande à n'être pas jugé d'avance. Car, si l'on m'écoute ou plutôt si l'on me lit attentivement, j'espère amener tout le monde à reconnaître, si tout est exposé avec la plus grande simplicité possible, une fois supprimées les illusions des mots qui, la plupart du temps, plus que les choses troublent le genre humain, que je n'ai rien énoncé que tous sans exception ne doivent admettre. Certes, maintenant je n'ai rien dit du mérite du Christ, des secours du Saint-Esprit et du concours extraordinaire de la grâce divine, choses qui dépendent de la révélation divine, car nous étions convenus entre nous que moi, caté-chumène, je vous exposerais la théologie du philosophe, avant que vous, vous m'initiez en retour aux mystères révélés de la sagesse chrétienne, pour diminuer, Théophile, la peine que vous prendriez à prouver des choses que j'ai déjà reconnues (*confessa*) et admises, pour rendre plus

---

1. Au sens étymologique, « catholique » (καθολικός) signifie « universel ». Comme le remarque Belaval (*op. cit.*, note 219, p. 141), Leibniz songe sans doute ici aux critères de la catholicité énoncés par Vincent de Lérins au Vᵉ siècle, en son *Commonitorium* (II) : « Et, dans l'Église catholique elle-même, il faut veiller grandement à s'en tenir à ce qui a été cru partout, et toujours, et par tous. Car c'est cela qui est véritablement et proprement catholique [...]. Mais il en sera finalement ainsi, si nous suivons l'universalité, l'antiquité, le consentement [général] » (Migne PL 50, p. 640).

claire l'harmonie de la foi et de la raison [1] et plus visible à tous la folie de ceux qui, ou gonflés de science méprisent la religion, ou se prévalant de l'annonce de révélations haïssent la philosophie qui dévoile leur ignorance.

TH. Je loue votre modestie, je reconnais les fruits que j'ai tirés de cette rencontre et je me réjouis d'avoir, grâce à vous, de quoi fermer la bouche à ceux qui, par une suprême impudence, ne sont émus ni par le respect de l'Écriture sacrée, ni par l'accord, l'autorité et les exemples des saints Pères, eux qui se fondent sur je ne sais quelles raisons que vous avez montré, plus clairement que la lumière de midi, être futiles. Viendra le temps (je le prédis et je prie pour cela) où j'aurai en vous un instrument davantage préparé à de plus grandes choses, afin que, une fois que nous serons entrés plus avant aussi dans la foi, toutes les ténèbres et tous les spectres [a] des plus vaines difficultés, dont les âmes sont troublées et dans lesquelles elles se fourvoient, s'enfuient de peur, comme par un exorcisme, sous l'effet de la lumière de la droite raison. Adieu.

a. « de débiteurs de sornettes, qui délirent et auxquels, soit qu'ils défendent maladroitement, soit qu'ils attaquent par vanité ~~la foi~~ les mystères de notre religion » [barré]

1. Le *Plan des démonstrations catholiques* proclame « l'unité de la vérité philosophique et théologique contre les avérroïstes, Hofmann, Slevogt » (A VI, 1, 495). Dans un texte de 1669-1670 (?), Leibniz écrit : « aucun article de foi n'implique contradiction dans ses termes. Il n'y a pas de double vérité théologique et philosophique, mais ce qui est faux philosophiquement est aussi faux théologiquement […] » (A VI, 1, 532). Cet accord entre foi et raison, constamment réaffirmé (voir par exemple *Dialogue entre un théologien et un misosophe* (1678-1679), in *Dialogues sur la morale et la religion* […], p. 67-77), sera l'objet du *Discours préliminaire* par lequel s'ouvre la *Théodicée*.

[L'AUTEUR DU PÉCHÉ]
(1673 ?) [1]

Touchant cette grande question *de l'auteur du péché*, on croit communément esquiver la difficulté, en disant que le péché dans son essence n'est qu'une pure privation sans aucune réalité ; et que Dieu n'est pas l'auteur des privations [2]. Pour cet effet, on a introduit cette fameuse distinction entre le physique et le moral du péché, dont on abuse un peu, quoiqu'elle soit bonne en elle-même.

Le physique ou réel du vol [3], par exemple, est l'objet, ou la proie qui irrite l'indigence du voleur, les rayons visuels qui frappent ses yeux et qui entrent jusqu'au fond de son âme, les imaginations, les inquiétudes et les délibérations qui se forment là-dessus, et qui se terminent

1. A VI, 3, 150-151. Nous avons modernisé l'orthographe et la ponctuation de ce texte sans titre, originellement écrit par Leibniz en français.

2. Ainsi Augustin déclare par exemple : « Tout bien vient de Dieu. Donc tout être aussi vient de Dieu. Mais ce mouvement de la volonté qui s'éloigne du Dieu suprême et que nous appelons le péché est défectueux ; d'un autre côté, toute défectuosité vient du néant ; vois donc à quoi se rattache ce mouvement et reconnais sans hésiter qu'il ne se rattache pas à Dieu. » (*Du libre arbitre* II, 20, 54). Voir aussi *supra*, *De la toute puissance et de l'omniscience de Dieu* et la lettre à Wedderkopf, respectivement, p. 70 et 80.

3. Il est possible que Leibniz fasse ici allusion à l'épisode du vol des poires raconté par Augustin dans les *Confessions*, II, 4-9.

enfin à la conclusion, qui est de profiter de l'occasion et
d'entreprendre l'exécution du crime.

On ne saurait nier que tout cela ne soit des[a] réalités et
il faut même avouer que la dernière détermination de la
volonté, après avoir balancé longtemps et examiné toutes
les circonstances, est un acte réel, qui est dans le prédicament
de l'action, aussi bien que la pensée et le mouvement; et
pourtant cette dernière détermination est ce qui nous rend
criminels.

Où est donc ce moral du péché dont on parle tant? On
dira peut-être qu'il consiste dans l'anomie[1], comme la
sainte Écriture l'appelle, ou dans la difformité de l'acte à
l'égard de la loi, qui est une pure privation. J'en demeure
d'accord, mais je ne vois pas ce que cela contribue à
l'éclaircissement de notre question. Car de dire que Dieu
n'est pas l'auteur du péché, parce qu'il n'est pas auteur
d'une privation, quoiqu'il puisse être appelé auteur de
tout ce qu'il y a de réel et de positif dans le péché, c'est
une illusion manifeste; c'est un reste de la philosophie
visionnaire du temps passé, c'est un faux-fuyant dont un
homme raisonnable ne se laissera jamais payer[2]. Je m'en

---

a. « relations » [barré]

1. Du grec ἀνομία (la violation de la loi, l'injustice), traduit dans
la Vulgate par *iniquitas*, terme généralement rendu en français par
« iniquité » (par exemple dans Matthieu 7, 23 ; 13, 41 ; Romains 6, 19 ;
2 Corinthiens 6, 14, où il est opposé à la justice), ou par « transgression
de la loi », comme dans 1 Jean, 3, 4 : « Quiconque commet le péché,
transgresse aussi la loi ; et le péché est la transgression de la loi ».

2. Leibniz vise sans doute ici Suárez, selon lequel « le péché
consiste formellement dans la privation sur laquelle Dieu n'influe
pas, ni directement, comme il est manifeste, ni indirectement : car
bien qu'il [Dieu] concoure à l'acte dont suit la privation, cependant
moralement on ne considère pas qu'il la veuille indirectement […]
ni même physiquement, parce que réellement cette privation ne suit
pas nécessairement de l'influence de Dieu, ni de l'entité positive tout

vais le déclarer[1] par un exemple. Un peintre fait deux tableaux, dont l'un est grand pour servir de modèle d'une tapisserie, l'autre n'est qu'une petite miniature. Prenons la miniature et disons qu'il y a deux choses à considérer là-dedans : premièrement son positif et réel, qui est la table, le fond, les couleurs, les traits ; et son privatif qui est la disproportion au grand tableau, ou sa petitesse. Ce serait donc se moquer du monde que de dire que le peintre est l'auteur de tout ce qu'il y a de réel dans les deux tableaux, sans être pourtant l'auteur du privatif, ou de la disproportion qui [est entre] le grand et le petit, car par la même raison ou plutôt par plus forte raison, on pourrait dire qu'un peintre peut être auteur d'une copie, ou d'un portrait, sans être l'auteur de la disproportion entre la copie et l'original, ou sans être l'auteur de sa faute. Car en effet le privatif n'est rien qu'un simple résultat ou conséquence infaillible du positif, sans avoir besoin d'un auteur à part. Je m'étonne que ces gens ne passent plus avant et ne tâchent de nous persuader que l'homme même n'est pas auteur du péché, parce qu'il n'est auteur que du physique ou réel, la privation étant une chose dont il n'y a point d'auteur.

Je conclus de ce que je viens de dire que ceux qui disent que Dieu est auteur de tout ce qu'il y a de réel ou de positif dans le péché, et qui avouent que Dieu est l'auteur de la loi, et qui nient pourtant que Dieu est l'auteur du résultat

entière qui est produite par lui, si on la considère par soi, car elle peut être tout entière dans la nature sans un tel défaut [...]; donc ce défaut tout entier suit du mode propre et particulier de ne pas agir de la cause seconde libre et efficiente, comme le divin Thomas le montre avec l'exemple de la claudication ». (*Elenchus tractatuum, disputationum ac sectionum*, tract. V, disp. 6, sect. 1, § 18 ; *Opera Omnia*, t. IV, Paris, L. Vivès, 1856, p. 577). Sur l'exemple de la claudication, voir *supra*, p. 99, note 1.

1. C'est-à-dire « le rendre manifeste ».

de ces deux choses, c'est-à-dire de la difformité entre la loi et le positif du péché [1], ne sont éloignés de Calvin [2] que dans la façon de parler ; et qu'ils font Dieu auteur du péché, sans le dire, quoiqu'ils protestent de faire le contraire.

1. Hobbes adresse la même critique dans ce passage du *Léviathan* : « Si un homme fait une action injuste, c'est-à-dire une action contraire à la loi, Dieu, disent [les scolastiques], est la première cause de la loi et aussi la première cause de cette action et de toutes les autres actions, mais il n'est pas du tout la cause de l'injustice, qui est la non-conformité de l'action à la loi. C'est de la vaine philosophie. On pourrait aussi bien dire que quelqu'un fait à la fois une ligne droite et une ligne courbe, et qu'un autre produit leur différence (*incongruity*). » (P. IV, chap. 46 ; *English Works*, vol. III, Londres, J. Bohn, 1839, p. 680).

2. Dans l'*Institution de la religion chrétienne* (livre 1, chap. XVIII), Calvin critique en effet ceux qui établissent en Dieu une distinction entre « faire » et « permettre », et qualifie la permission de « rêverie ». À propos des souffrances endurées par Job, il écrit notamment que « Dieu a été l'auteur de cette épreuve de laquelle Satan et les brigands ont été ministres. [...] Job reconnait que c'est Dieu qui l'a dénué de tout son bien, et qu'il est appauvri d'autant que Dieu l'a ainsi voulu » (1). Et plus loin : « Et j'ai déjà assez clairement montré qu'il [Dieu] est nommé auteur de toutes choses que ces contrôleurs [censeurs] ici disent advenir par sa permission oisive » (3). À l'appui précisément de ces passages, Leibniz et Molanus rangent Calvin parmi ceux qui font de Dieu « la *cause du mal* et l'instigateur du péché » dans le texte intitulé *Unvorgreiffliches Bedencken über eine Schrifft genandt Kurtze Vorstellung* (1698) traduit par Cl. Rösler-Le Van in *Negotium Irenicum. L'union des Églises protestantes selon G. W. Leibniz et D. E. Jablonski*, Paris, Classiques Garnier, 2013, p. 999.

CONVERSATION AVEC MONSEIGNEUR L'ÉVÊQUE STÉNON SUR LA LIBERTÉ [1]

27 novembre 1677 [2]

[L] [3] Je dis que l'existence de Dieu ne peut être démontrée sans ce principe : *rien n'est sans raison* [4]. Ce principe n'a pas seulement lieu dans le domaine de la mécanique, c'est-à-dire quand il s'agit de savoir, à partir d'une grandeur, d'une figure et d'un mouvement donnés si une autre grandeur, une autre figure et un autre mouvement suivent, mais encore dans les raisons qui nécessairement ne sont pas mécaniques ; ce que je montre de la manière suivante. La série des choses pouvait être autrement, absolument parlant, c'est-à-dire qu'il n'implique pas contradiction qu'elle soit autrement. De là, même si une cause se ramène à une autre à l'infini – par exemple, je suis tel en vertu de telle cause, qui à son tour est telle en vertu de telle autre, etc. et ainsi à l'infini –, cependant, de quelque manière que nous avancions, une nouvelle question demeure toujours et nous ne trouvons nulle part

---

1. A VI, 4-B, 1375-1383.

2. Date qui correspond au 7 décembre dans le calendrier grégorien (que la plupart des États protestants allemands n'adopteront qu'en 1700).

3. Les lettres [L] et [S] renvoient aux paroles attribuées respectivement à Leibniz et à Sténon.

4. Sur ce principe, voir *supra*, p. 91-92, note 2.

dans la série une raison suffisante. Donc celle-ci doit être
en dehors de la série [1]. Cette raison n'est pas corporelle,
sinon elle aurait déjà été comprise dans ces corps, c'est-
à-dire dans la série. Il est donc nécessaire d'employer ce
principe aussi en dehors de la mécanique.

[S] *Rien n'est sans raison* : cela s'entend de la cause
efficiente, matérielle, formelle, finale. La cause formelle
est l'essence même de la chose, c'est-à-dire si la raison
pour laquelle une chose est, ou est telle, est dans la
chose elle-même. [Dans le cas de] la cause matérielle et
efficiente, vu que, dans le mouvement, quelque chose se
meut toujours de la même manière, à moins qu'il n'y ait
une raison à son changement, ou dans la chose, ou dans
une autre agissant sur elle. Dans le cas de la cause finale,
vu qu'il doit y avoir entre deux choses une raison, vraie
ou apparente, de choisir celle-ci [plutôt que celle-là].

La volonté n'agit jamais sinon à cause d'une fin. Or
une fin est un bien apparent. Elle est toujours mue par
l'apparence d'un bien. Donc le choix entre deux choses
ne peut pas se faire à moins qu'il n'apparaisse que le bien
est de choisir de cette façon.

[L] Il est plus parfait d'agir à cause d'une raison que
sans raison.

Rien n'agit [a] sans qu'il y ait une raison, dont, une fois
qu'elle est posée, il suit que ceci arrive plutôt que son
opposé.

---

a. « sans raison » [barré]

1. En 1676, Leibniz déclare que « […] la série tout entière [des
choses] ne contient pas [sa] raison suffisante d'exister, parce que la
série tout entière peut être imaginée ou conçue autre ; c'est pourquoi
la raison pour laquelle elle est ainsi doit être donnée en dehors d'elle »
(A VI, 3, 283).

[S] Ce n'est pas faire preuve d'humilité [1] que de supposer avec tant d'assurance que l'opinion que l'on soutient est juste et que celle des autres est fausse, et de leur dire que l'on prie Dieu de les faire changer [d'avis]. Ou bien si cela peut s'accorder avec l'humilité, pourquoi les en blâmer ?

[L] Il y a des degrés de volonté, car nous voulons une chose plus qu'une autre. Et nous voulons davantage ce qui paraît meilleur ; donc plus l'égalité est grande moins nous voulons une chose plutôt qu'une autre et quand l'égalité est parfaite, nous ne voulons rien. Aucun mortel ne douterait de telles choses ou n'hésiterait à leur sujet, à moins qu'il n'ait déjà su par avance que cela serait utilisé contre ses opinions préconçues. Posons que la différence soit moindre que toute différence donnée, ce sera aussi la fin du vouloir. C'est-à-dire qu'il n'y en aura plus.

[S] Il est certain alors que, quand nous choisissons le meilleur apparent, nous le voulons en raison de notre connaissance et cependant librement. De la même manière aussi Dieu, même s'il agissait donc ainsi, ou même s'il n'arrivait jamais de cas de perfections égales, cependant agirait librement.

[L] Si toutes les séries possibles étaient également parfaites, il s'ensuivrait que serait aussi également parfaite

---

1. Dans sa lettre à Leibniz (novembre 1677), où il raconte comment il a trouvé « la vérité de la religion catholique », Sténon oppose à la « présomption philosophique » – à laquelle il déclare avoir renoncé – « l'amour de l'humilité chrétienne », qui nous fait connaître notre faiblesse et notre ignorance. Car « toutes les paroles dont nous nous servons [au sujet] de Dieu et de l'âme, n'ont plus de rapport pour nous en expliquer leur nature que quand on prend les paroles de l'attouchement pour expliquer des propriétés des couleurs » (A II, 1, 578).

celle où tous les impies seraient sauvés et toutes les
personnes pieuses damnées.

[S] Vous répondez : c'est impossible.

[L] Je demande : pourquoi ?

[S] Vous dites : parce qu'une telle série est contraire
à la justice.

[L] Très bien, c'est-à-dire parce qu'elle est contraire
à la perfection, c'est-à-dire que toutes les séries ne sont
pas également parfaites. En soi elle est possible, mais sa
réalisation devient impossible, parce qu'elle s'oppose à la
perfection de Dieu [1], et c'est ce que je voulais [montrer].
Il est clair de là que tout revient finalement à mes principes.

1. Leibniz suppose ici deux types d'impossibilité : l'impossibilité
logique – ce qui est *en soi* contradictoire – et l'impossibilité que l'on
pourrait appeler « morale » : ce qui, bien que possible *en soi* (c'est-
à-dire n'impliquant pas de contradiction logique), est contraire à la
perfection de Dieu, car incompatible avec sa parfaite justice, et par
conséquent ne peut exister. Cette distinction revient à celle qu'il y a entre
une impossibilité selon l'essence et une impossibilité selon l'existence :
« Toutes choses sont possibles à Dieu, excepté celles qui comportent
une imperfection. Pécher, par exemple damner un innocent, comporte
une imperfection. La damnation d'un innocent est certes en soi possible
ou n'implique pas contradiction, mais elle n'est pas possible à Dieu.
Ou plutôt la damnation éternelle d'un innocent semble être du nombre
de ces choses dont non pas certes l'essence, parce qu'elles peuvent
parfaitement être comprises, mais cependant l'existence implique
contradiction. En effet, il n'est pas besoin d'examiner l'harmonie
des choses tout entière pour savoir si Dieu damnera éternellement un
innocent. » (texte daté entre l'été 1680 et l'été 1684, A VI, 4-B, 1453 ;
voir aussi, dès 1675, A VI, 3, 463-464). La damnation d'un innocent
n'est donc pas impossible absolument parlant, mais le devient *ex
hypothesi*, c'est-à-dire dès lors que l'on pose l'existence de Dieu. On
notera cependant que cette damnation ne constitue pas, en toute rigueur,
une impossibilité au regard de la puissance divine (Dieu peut faire tout
ce qui est possible), mais seulement au regard de sa volonté toute bonne
(Dieu ne peut vouloir le malheur éternel d'une créature innocente).

Et ceux qui ne se rendent pas compte qu'ils recourent à la même chose, parce qu'ils croient dire autre chose, se trouvent un peu acculés.

[S] Il est plus difficile de découvrir la [véritable] opinion d'Augustin que de découvrir la vérité. Jansénius a lu trente fois Augustin et cependant on dit qu'il s'est trompé en lisant Augustin. Mais on dit qu'il avait une taie (*glaucoma*) sur les yeux.

[L] Je réponds : comment saurais-je ne pas en avoir une après, quand j'aurai également lu trente fois Augustin et resterai donc aussi incertain à la fin qu'au début ?

[S] Il dit que l'on introduit un Dieu mécanique (*mechanicum*).

[L] L'expression est odieuse et métaphorique. Parlons de façon appropriée. Le sens est le suivant : Dieu agit aussi exactement qu'une horloge, ou plutôt, à l'inverse, il faut comparer la raison qui fait qu'une horloge agit exactement avec la manière exacte dont Dieu opère, à savoir de la manière la plus parfaite.

[S] Il objecte que, si rien n'est sans raison, le monde sera éternel, parce qu'il n'y a aucune raison pour laquelle Dieu ne l'aurait pas fait commencer avant.

[L] Je réponds, *premièrement*, que toutes choses sont créées du néant et non d'une matière préexistante à un moment quelconque, car la matière elle-même aussi est créée, et peu importe que d'autres choses aient déjà existé auparavant, car elles ont ensuite été annihilées. C'est pourquoi même si des créatures avaient toujours existé, ou même si un autre monde avait existé avant ce monde, comme un autre sera après ce monde, alors quoi ? Quel mal cela fait-il ? Je réponds, *deuxièmement*, qu'il n'est pas cependant si facile de conclure ceci de cela, parce que, en soi, le temps n'est rien d'autre que le cours des choses elles-mêmes qui existent déjà[1]. Et ainsi, si le monde a commencé, la question de savoir pourquoi il a commencé maintenant et pas avant est oiseuse, parce qu'il n'y a aucun temps avant lui. Mais si vous demandez s'il eût pu durer plus longtemps, par exemple si le monde est né il y a six mille ans, pourquoi il n'est pas né plutôt il y a dix mille ans, alors je réponds, *troisièmement*, qu'il peut y avoir au fond aussi une raison et une proportion de l'harmonie qui nous sont inconnues[2].

[S]   [a]La nécessité du péché futur de Judas fut avant que Judas n'ait existé ; elle n'est donc pas née de la volonté de Judas. Dieu a prévu que Judas pécherait. Il était donc

---

a. « *Judas n'est pas la cause du péché* » [barré]

1. « Dire que le temps a été sans des choses, c'est ne rien dire, parce que la quantité de ce temps ne peut être déterminée par aucune marque (*nota*). [...] l'intervalle entre deux états momentanés entre lesquels il n'y aurait rien ne pourrait d'aucune manière être déterminé, et l'on ne peut pas dire combien de choses pourraient être interposées, car pourquoi ne seraient-elles pas plus nombreuses ? » (décembre 1676, A VI, 3, 584). Le temps n'est pas séparable des choses créées, lesquelles permettent de distinguer un moment d'un autre. C'est pourquoi « le concept de *temps* enveloppe la série entière des choses et la volonté de Dieu et des autres choses libres » (*Des affects*, avril 1679, A VI, 4-B, 1441). Ainsi, écrira Leibniz, « l'espace et le temps ne sont pas des choses mais des relations réelles » (*Échantillon de découvertes sur des secrets admirables de la nature en général*, 1688, A VI, 4-B, 1621), et, pris comme tels, ils ne sont que des abstractions (voir *Nouveaux Essais sur l'entendement humain*, II, 1, § 2 ; A VI, 6, 110 ; II, 27, § 1 ; A VI, 6, 230), respectivement « l'ordre des coexistences possibles » et « l'ordre des possibilités inconsistantes, mais qui ont pourtant de la connexion » (GP IV, 568). Cette conception de l'espace (ordre des choses coexistantes) et du temps (ordre des choses successives) sera notamment discutée dans la correspondance avec Samuel Clarke durant les années 1715-1716.

2. À comparer avec ce que Leibniz écrira à Clarke en 1716, dans sa *Quatrième Réponse*, aux § 55 et 56 (GP VII, 404-405).

certain, infaillible, inévitable, nécessaire que Judas pécherait, avant qu'il n'existât. Ce n'est pas Judas qui a été dans l'entendement divin, mais l'idée de Judas qui péchera. L'idée de Judas qui péchera n'est pas née de Judas, puisque Judas n'existait pas encore. L'idée de Judas qui péchera n'était pas seulement dans l'entendement divin comme une idée de choses possibles, mais comme l'idée de choses qui arriveront en acte. Cette idée, ainsi disposée, n'est pas née de Judas, mais c'est plutôt de cette idée qu'il a suivi nécessairement que Judas pécherait. Alors, *quand Judas délibérait s'il trahirait ou non le Christ*, il était déjà[a] nécessaire que Judas choisisse de le trahir, sinon l'Écriture aurait été fausse etc., à savoir suivant une nécessité *ex hypothesi*, non tirée de la chose même.

[L]   C'est aussi une nécessité de cette sorte que j'introduis à partir du choix du bien.

La *nécessité* est *absolue* quand une chose ne peut pas même être conçue [autrement], mais que cela implique une contradiction dans les termes ; par exemple : trois fois trois font dix.

La *nécessité* est *hypothétique* quand une chose peut certes être conçue par soi *autrement*, mais que par accident elle est nécessairement *telle* à cause d'autres choses hors d'elle déjà présupposées ; par exemple : il était nécessaire que Judas pécherait, à supposer que Dieu l'ait prévu. Ou à supposer que Judas ait pensé que cela était le meilleur.

La série des choses n'est pas nécessaire selon une nécessité absolue. Il y a en effet plusieurs autres séries possibles, c'est-à-dire concevables, même s'il ne s'ensuit pas leur réalisation en acte.

---

a. « certain » [barré]

[S] On peut concevoir une série de choses qui est impossible, selon une nécessité hypothétique, par exemple, une série du monde telle qu'il arrive en elle que toutes les personnes pieuses sont damnées et tous les impies sauvés.

[L] On peut certes comprendre ou concevoir une telle série, mais son existence actuelle est impossible, selon une impossibilité hypothétique, non certes que cela implique une contradiction dans les termes, mais parce que cela est incompatible avec l'existence présupposée de Dieu, dont la perfection (dont suit la justice) ne peut souffrir une telle chose.

[S] Nous voyons une chose de trois façons, par l'expérience, par le raisonnement et par son image [1] (*per speculum*). Dieu a vu de toute éternité que Judas pécherait, non par une expérience, parce qu'il n'y a d'expérience que de choses présentes, ni par un raisonnement, parce que Dieu n'en a pas besoin, donc par son image, c'est-à-dire

1. La distinction de ces trois modes de connaissance est vraisemblablement tirée de la scolastique médiévale. Pour Thomas d'Aquin, par exemple, Dieu connaît les créatures en tant qu'elles sont en lui, par son essence, ce qui ne signifie pas qu'il les connaît de manière discursive, comme l'intelligence humaine va de la cause à l'effet. De même, « on ne dit pas de la vue qui connaît une pierre au moyen de son espèce existant en elle, ou qui connaît par un miroir (*per speculum*) une chose qui s'y reflète, qu'elle procède discursivement (*discurrere*), car il revient au même pour elle de se porter vers la ressemblance de la chose, et de se porter vers la chose connue au moyen d'une telle ressemblance. Or Dieu connaît ses effets par son essence, comme on connaît une chose au moyen de sa ressemblance ; voilà pourquoi il connaît d'une connaissance unique lui-même et les autres choses, comme Denys le dit aussi au septième chapitre des *Noms divins* [...] » (*De la vérité*, q. 2, a. 3 ad 3). Plus loin (q. 8, a. 3 ad 17), Thomas rappelle qu'une chose peut être vue soit par son essence, soit au moyen de l'espèce qu'elle transmet, soit comme au travers d'un miroir. Voir aussi q. 18, a. 1 ad 1.

dans l'idée qui est dans l'entendement divin et qui inclut la futurition.

[L] L'homme est la cause immédiate du péché, à savoir dans la mesure où il est déterminé alors par son entendement et sa volonté, à partir des choses externes telles qu'elles sont posées. Mais la cause précédente ou médiate du péché est l'état de l'homme et des objets précédant l'état présent, et la chaîne de ces causes médiates est la série des choses. Mais sa cause première est la même que celle de la série, à savoir l'ordre (*constitutio*) des idées établies dans l'entendement divin, qui expriment la nature des choses possibles ; ordre qui est tel que le meilleur est au total de choisir cette série-ci plutôt que celle-là.

De même que le musicien ne veut pas les dissonances en elles-mêmes, mais par accident seulement, quand par leur entremise, après qu'elles ont été corrigées, la mélodie est rendue plus parfaite que si elle avait été sans elles, de même Dieu ne veut pas les péchés, si ce n'est sous la condition de la peine qui les corrige, et par accident seulement, comme réquisits pour achever la perfection de la série.

[S] Quiconque a une volonté mauvaise est puni à bon droit. Une volonté mauvaise n'est rien d'autre que de mauvais jugements ou opinions touchant les choses morales. Quiconque a des opinions mauvaises touchant les choses pratiques et les applique, est puni à bon droit pour cette seule[a] cause, parce que son crime est né non d'une erreur de fait, mais d'une erreur de droit, c'est-à-dire d'opinions très mauvaises et de raisons délibérées. D'où il est clair que, pour punir un crime, rien d'autre n'est requis que ceci : que quelqu'un commette un crime et sache cependant

---

a. « raison » [barré]

que c'est un crime. Il n'est donc besoin d'aucune autre liberté. Et peu importe qu'il pense que ce crime est pour lui un bien ou lui est utile, et qu'il ait choisi [de l'accomplir] pour cette raison, parce qu'il croyait le commettre impunément ou subir une peine bien moindre que le bénéfice qu'il en espérait. Car il n'en sera pas moins puni, même si cette opinion a été la raison de son choix.

[L] Et le pécheur[a] ne pourra pas dire au jour du jugement dernier qu'il n'était pas en son pouvoir de changer son opinion. Car même dans les affaires humaines, les juges agissent avec justice quand ils punissent les criminels, même si ces criminels, se repentant par la suite, peuvent se plaindre qu'ils en sont venus, par une certaine adversité, à ces très mauvaises opinions qu'ils avaient quand ils ont péché.

[S] Mais autre chose s'oppose encore ici aux plaintes de ceux qui sont voués à la damnation (*damnandorum*), à savoir qu'ils ne se repentent même pas quand ils sont damnés, de sorte qu'ils ne peuvent jamais se plaindre.

[L] Nul ne s'est fait méchant volontairement, sinon il le serait avant de l'être devenu.

[S] Si les pécheurs se repentaient réellement, jusqu'au temps du jugement, ils ne seraient pas damnés pour l'éternité ; mais ce cas n'arrive jamais.

[L] Je pense qu'il fut un temps où les hommes ne parlaient pas de géométrie d'une manière moins vague qu'ils ne parlent maintenant de métaphysique. C'est pourquoi il n'est pas étonnant qu'aujourd'hui la géométrie soit ainsi bien établie, mais que la métaphysique erre, si incertaine. Je crois en effet que le temps viendra peut-être

a. « voué à la damnation » [barré]

où la métaphysique ne sera pas moins bien établie que la géométrie. Malgré le fait que, depuis tant de siècles, la métaphysique n'ait pas encore été établie, on ne doit pas désespérer du succès. Car nous sommes peut-être encore dans une sorte d'enfance du monde. Et de même que les balbutiements de ses prédécesseurs n'ont pas empêché Pythagore (s'il est le premier) d'établir la géométrie par des démonstrations strictes, de même la confusion présente ne doit pas nous empêcher d'établir la métaphysique.

[S]   Objection : si tout ce qui est certain et a été prévu est inévitable, c'est en vain que l'on adresse des prières, ou comme dit l'illustre [poète] : « Cesse d'espérer fléchir les arrêts des Dieux par tes prières »[1].

[L]   Je réponds que les prières sont au contraire utiles afin d'obtenir ce que nous désirons, comme l'est l'eau ou le vent pour faire tourner le moulin. Car de même que Dieu, quand il a prévu que le moulin tournerait, a vu que ce serait par le vent ou par l'eau, de même, quand il a prévu que vous obtiendriez quelque grâce, il a vu que ce serait par vos prières[2].

Le premier principe de tout raisonnement est que rien n'est ou n'arrive sans qu'il ne soit possible, du moins à un être omniscient, de rendre raison de ce que cela est plutôt que n'est pas, ou de ce que cela est ainsi plutôt qu'autrement ; en un mot : *qu'il est possible de rendre raison de tout*.

La définition de la liberté, selon laquelle la liberté est une puissance d'agir ou de ne pas agir, tous les réquisits pour agir étant posés et toutes les choses qui existent tant

---

1. Virgile, *Énéide*, VI, 376.
2. Sur l'utilité des prières, voir notamment *Conversation sur la liberté et le destin* (1699-1703 ?), Grua 485 ; *Théodicée* § 54.

dans l'objet que dans l'agent étant égales, est une chimère impossible qui va à l'encontre du premier principe que j'ai énoncé.

Cette notion de liberté fut inconnue de l'antiquité. On n'en trouve aucune trace chez Aristote, elle renverse complètement le système d'Augustin, elle est étrangère au Maître des Sentences [1], à Thomas, à Scot et à la plupart des anciens scolastiques. Elle a été pour la première fois mise en avant par [a] des scolastiques plus récents et faite pour éluder plutôt que lever des difficultés.

Chez les Anciens, le libre diffère du spontané, comme l'espèce du genre ; la liberté est assurément une spontanéité rationnelle. Est spontané ce dont le principe d'action est dans l'agent [2], et cela aussi a lieu dans la liberté. Car tous les réquisits *externes* pour agir ayant été posés, l'esprit libre peut agir ou ne pas agir, à savoir selon la manière dont il a été lui-même disposé.

L'objet de la volonté est le bien apparent et nous ne désirons aucune chose si ce n'est en tant qu'elle est un bien apparent (*sub ratione boni apparentis*) ; c'est là un dogme très ancien et très communément reçu.

Tout ce qui est, est ou par soi ou par autre chose. S'il est par soi, alors sa raison d'exister est tirée de sa nature propre, c'est-à-dire que son essence contient l'existence ;

---

a. « les Molinistes » [barré]. Voir *supra* la définition de Molina, p. 72, note 1.

1. Pierre Lombard (1095 ? -1160), auteur des *Quatre livres des Sentences*, texte abondamment lu et commenté à l'époque médiévale, et qui servit de base à l'enseignement théologique universitaire.

2. Voir Aristote, *supra*, p. 125, note 1.

ce qui a lieu dans toutes ces vérités qui sont démontrées à partir des termes, ou dont le contraire implique contradiction. Mais si une chose est par une autre, alors elle a sa raison d'exister en dehors d'elle, c'est-à-dire qu'elle a une cause. Tout a donc une raison, ou bien en soi et à partir des termes, comme les choses nécessaires par soi, ou bien tirée d'ailleurs, comme les choses libres et contingentes, ou, pour ainsi dire, les choses nécessaires par accident ou par hypothèse (*ex hypothesi*).

Quand on dit, par exemple, que Judas aurait pu ne pas [a] pécher, c'est-à-dire qu'il n'était pas nécessaire [b] qu'il pèche, cela s'entend de la nécessité du premier genre, c'est-à-dire de la nécessité absolue ou par soi, car cette proposition n'enveloppe rien qui implique contradiction ; même si cela était nécessaire par hypothèse, c'est-à-dire par autre chose, pour que soit accomplie l'Écriture [c]. Quand on dit : *il faut*, c'est-à-dire il est nécessaire, qu'il y ait des scandales [1] (or les scandales sont certes des péchés ou pour celui qui les subit, ou pour celui qui les produit), on dit certes que les péchés sont nécessaires, mais cela s'entend sans nul doute d'une nécessité qui n'est pas par soi, c'est-à-dire dans les

---

a. « être damné, il faut entendre cela de ce que de la nature de la chose » [barré]

b. « qu'il soit damné » [barré]

c. En marge : « Plus grande est la nécessité, plus grande est la perfection. Scaliger, *Des causes [de la langue latine]*, livre 11, chap. 166 ». Au chapitre 166 du livre 11 du *De causis linguae latinae libri XIII* (Lyon, 1540, p. 324), Julius Caesar Scaliger (1484-1558) rappelle la distinction entre nécessité *absolue* et nécessité *dépendant* d'autre chose, en indiquant que la première est propre à la perfection divine, alors que la seconde – qui fait la contingence – relève de l'imperfection.

1. Voir Mattieu, 18, 7 ; Luc 17, 1.

termes, mais par accident, c'est-à-dire que l'on considère dans les circonstances externes[a].

Tout ce qui sera ne sera pas moins certainement et nécessairement que tout ce qui est passé est nécessairement passé. Non que cela soit par soi nécessaire, mais parce que cela suit des circonstances présentes telles qu'elles sont posées (par exemple de la prescience de Dieu, comme de la série des choses). Tout ce qui sera, il est *vrai* assurément qu'il sera ; tout ce qui est *vrai* (pour celui qui sait) est vrai certainement. Donc tout ce qui sera, il est certain qu'il sera. Tout ce qui est certain est inévitable. Tout ce qui est inévitable est nécessaire. Donc tout ce qui sera est nécessaire, mais selon une nécessité par accident ou hypothétique, telle que je l'ai énoncée, qui du moins ne supprime pas la contingence ou la liberté.

L'argument de la prescience revient au même. Dieu sait d'avance tout ce qui sera ; ce que Dieu sait d'avance, il le sait d'avance de manière infaillible ; ce que Dieu sait d'avance de manière infaillible est infaillible. Ce qui est infaillible est inévitable ; ce qui est inévitable est nécessaire. Donc tout ce qui sera est nécessaire, cependant d'une nécessité qui ne supprime pas la liberté et la contingence. Car bien que toutes les choses futures soient nécessaires, elles ne sont pas cependant nécessaires par soi ni absolument, ou à partir des termes, mais par accident ou sous un certain rapport (*secundum quid*).

a. En marge : « Sur le nécessaire par accident. Ce qui n'est pas nécessaire par soi est nécessaire par accident. Scal[iger], *exerc.* 39. » Dans *Exotericarum exercitationum liber quintus decimus, de subtilitate, ad Hieronymum Cardanum* (Paris, 1557), à l'exercice 39, intitulé « Si l'eau est un élément », Scaliger écrit : « L'eau n'est pas un élément nécessaire par soi. Donc il est nécessaire par accident. Donc il n'est pas nécessaire. Car on distingue dans les pures essences le contingent et le nécessaire. De même par soi, par accident et par autre chose. Et ce sont les notions premières de l'être chez le divin philosophe » (p. 66).

Je ne concède aucune autre nécessité dans les actions libres que celle que ceux qui admettent la prescience divine sont forcés de concéder dans tous les futurs contingents.

Parmi les [propositions] complexes, toutes les vérités métaphysiques, géométriques et toutes les autres qui peuvent être démontrées à partir des termes, sont nécessaires par soi, mais toutes les vérités historiques, ou, pour ainsi dire, de fait, que nous ne pouvons pas connaître par une démonstration mais par l'expérience, sont par soi contingentes, nécessaires par accident seulement.

Parmi les termes incomplexes, seul Dieu est un être par soi, c'est-à-dire absolument nécessaire, à savoir un être dont [l'essence] enveloppe l'existence. Toutes les autres choses sont nécessaires par accident, à savoir par la volonté de Dieu, si elles sont bonnes, mais par sa permission, si elles sont mauvaises, comme je le dirai après.

S'il n'y a pas de prédétermination physique[1] des actes libres, si Dieu n'influe pas sur la substance de

---

1. La « prédétermination physique » est un concept développé par les théologiens dominicains, en particulier Domingo Báñez (1528-1604) et Diego Álvarez (1550-1635), à partir de leur lecture de Thomas d'Aquin (notamment *Somme théologique*, Ia IIae, q. 10, a. 4). Elle désigne une motion, intrinsèquement efficace, exercée par Dieu sur la créature, qui porte celle-ci à accomplir tel ou tel acte. Elle est dite « physique » et non morale, dans la mesure où la volonté est déterminée intérieurement par l'opération divine et non « extérieurement » par l'attrait d'un bien particulier. Elle est enfin une *pré*détermination, selon une priorité de raison et causale et non temporelle, puisque la motion répond à un décret de Dieu et permet d'en assurer l'exécution immanquable. Admettre cette prédétermination permet ainsi d'expliquer l'infaillibilité de la science divine : celle-ci est infaillible, car elle repose sur le fait que Dieu détermine les choses conformément à ses décrets éternels. Les jésuites partisans de Molina, opposés à cette doctrine, défendent au contraire l'idée d'un concours simultané de la grâce et du libre arbitre, considérant que Dieu n'agit pas *sur* la créature, mais coopère *avec* elle dans la production de l'acte. Ils entendent sauvegarder par là la liberté des créatures, mais se trouvent alors

l'acte[a] libre, ou[b] s'il ne coopère pas à tout acte libre, il s'ensuit que Dieu n'est pas la cause première de toutes les créatures. Et c'est là réellement supprimer Dieu des choses. Puisqu'un acte libre est une créature, il doit recevoir son existence de Dieu.

On ne peut pas dire que Dieu donne des secours, ou influe sur un acte à partir de ce qu'il a prévu qu'un homme choisirait, parce que l'homme ne pourra pas même choisir

a. « du péché » [barré]
b. « coopère à l'acte de celui qui pèche » [barré]

contraints de supposer la science moyenne (voir *supra*, p. 74, note 1), afin de garantir l'infaillibilité de la prescience divine.

Leibniz semble ici prendre clairement le parti des Dominicains (comme il le fera encore, par exemple, dans sa lettre à Pellisson-Fontanier du 6 août 1692, A II, 2, 554). Sa position est cependant parfois plus nuancée, sinon critique (voir A VI, 1, 496, c. 16). Dans des textes plus tardifs, il semble plutôt l'admettre à condition 1. qu'elle ne suppose pas une indifférence préalable de la volonté, dont elle permettrait subitement de sortir ; 2. bien que certaine, qu'elle soit seulement inclinante et non nécessitante. Alors il est vrai, comme le soutiennent les « thomistes », que « les futurs contingents ont une vérité déterminée avant qu'ils n'arrivent et ainsi [qu']ils sont réellement prédéterminés, mais leur contingence étant sauve » (lettre à Molanus du 22 février 1698, Grua 413). Mais, ainsi réinterprétée, la prédétermination perd finalement toute utilité théorique : « on n'a pas besoin de recourir, avec quelques nouveaux thomistes, à une prédétermination nouvelle immédiate de Dieu, qui fasse sortir la créature libre de son indifférence, et à un décret de Dieu de la prédéterminer, qui donne moyen à Dieu de connaître ce qu'elle fera ; car il suffit que la créature soit prédéterminée par son état précédent, qui l'incline à un parti plus qu'à l'autre ; et toutes ces liaisons des actions de la créature et de toutes les créatures étaient représentées dans l'entendement divin, et connues à Dieu par la science de la simple intelligence, avant qu'il eût décerné de leur donner l'existence. Ce qui fait voir que pour rendre raison de la prescience de Dieu, on se peut passer tant de la science moyenne des molinistes, que de la prédétermination, telle qu'un Báñez ou un Álvarez (auteurs d'ailleurs fort profonds) l'ont enseignée » (*Théodicée* § 47, GP VI, 128-129).

sans qu'un autre secours ne soit nécessaire au choix lui-même.

Pour parler de manière appropriée et rigoureuse, il ne faut pas tant dire que Dieu concourt à un acte mais plutôt qu'il produit l'acte. Supposons en effet que Dieu concoure à un acte quelconque, mais de sorte qu'il ne soit pas seulement produit par Dieu, mais en partie aussi par l'homme. Il s'ensuivrait au moins que ce concours de l'homme n'a pas besoin de la coopération de Dieu ; ce qui [a] va à l'encontre de l'hypothèse, car ce concours est aussi un acte. Il s'ensuit donc finalement que tous les actes sont produits par Dieu entièrement, comme toutes les créatures dans l'univers. Qui produit deux fois la moitié d'une chose la produit en entier ; ou, pour être plus clair : qui produit la moitié d'une chose, et encore la moitié de la moitié qui reste, et encore la moitié de la moitié qui reste de la moitié, à l'infini, la produit en entier [1]. Or cela a lieu dans un acte quelconque par Dieu. Car supposons que Dieu et l'homme concourent à un acte, il est nécessaire que Dieu concoure encore à ce concours même de l'homme et, ainsi, soit on ira à l'infini (et cependant la chose n'en reviendra pas moins au même), soit il suffira de dire d'emblée que dès le début Dieu produit réellement l'acte, bien que ce soit l'homme qui agisse.

Le péché est une créature ; toute créature est créée continuellement par Dieu, donc aussi le péché ; à savoir pour ce qui est de la substance de l'acte, c'est-à-dire suivant ce qu'il y a en lui de positif. Dieu opère en nous tant le vouloir que le faire [2].

a. « est absurde » [barré]

1. Comme le remarque G. Grua (Grua 275, note 44), Leibniz envisage certainement ici une série infinie du type : $1/2 + 1/4 + 1/8 + 1/16… = 1$ (voir par exemple GP IV, 570).

2. Voir Philippiens, 2, 13 ; I Corinthiens, 12, 6.

Une fois posé que la conservation est la même chose qu'une création continuée [1], il s'ensuit la même chose. Car, puisqu'à chaque moment Dieu crée l'homme pour ainsi dire de nouveau, pour cette raison, il crée l'homme péchant au moment où il pèche, c'est-à-dire qu'il produit le péché avec l'homme.

Rien n'est absolument parlant un mal, c'est-à-dire ne peut arriver qui soit désagréable à Dieu, sinon Dieu ne serait pas tout-puissant [2].

Quand on dit que Dieu ne veut pas les péchés ou qu'ils sont l'objet de sa colère, cela signifie que Dieu [a] permet les péchés, mais seulement sous la condition de la peine.

a. « veut les péchés sous la condition » [barré]

1. La thèse de la création continuée est d'origine scolastique. Thomas d'Aquin affirme que « toutes les créatures ont besoin de la conservation divine. En effet, l'existence des créatures dépend à tel point de Dieu qu'elles ne pourraient subsister un instant et seraient réduites au néant si, par l'opération de la puissance divine, elles n'étaient conservées dans l'être, comme dit S. Grégoire » (*Somme théologique*, Ia, q. 104, a. 1, co.). Il ajoute : « Dieu ne peut communiquer à une créature de se conserver dans l'existence, tout en cessant d'agir sur elle, pas plus qu'il ne peut lui communiquer d'être cause de son existence. Car la créature a besoin d'être conservée par Dieu, en tant que l'être de l'effet dépend de la cause de l'être » (*ibid.*, ad 2) ; « La conservation des choses par Dieu ne se fait pas par une nouvelle action de sa part, mais par la continuation de l'action qui donne l'existence […] » (*ibid.*, ad 4). L'identification de la conservation à une sorte (*quasi*) de création continuée est explicitement faite par Suárez (qui renvoie à Thomas) dans les *Disputes métaphysiques*, XXI, sect. II, 4, *Opera omnia*, t. XXV, Paris, L. Vivès, 1861, p. 791. Sur ce thème chez Leibniz, voir notamment : A VI, 4-B, 1391 ; A VI, 4-A, 562 ; A VI, 4-C, 2319, 8 ; *Théodicée* § 27, § 385, § 388 *sq.*

2. Voir la lettre à Wedderkopf, *supra*, p. 80.

On peut dire en quelque façon que Dieu est[a] l'auteur du péché par accident, ou que Dieu veut le péché par accident, comme le musicien veut la dissonance. Supposons en effet le cas où la perfection même de la mélodie exige qu'y soient mêlées des dissonances, et en retour qu'elles y soient compensées ; ou supposons que l'harmonie devienne beaucoup plus agréable par la survenue de dissonances, ramenées de manière inattendue à la consonance, que s'il n'y avait que des consonances. Dans ce cas, je pense que l'on peut dire que le musicien est l'auteur des dissonances par accident, ou les veut par accident, c'est-à-dire les permet plutôt qu'il ne les veut. Car il ne veut pas ces dissonances en elles-mêmes, mais les éviterait si la perfection de la mélodie l'admettait tout à fait. Or il les permet, et certes pas contre son gré, mais en les voulant cependant par accident, c'est-à-dire non pas à cause de leur nature même, mais parce que, grâce à leur intervention, on découvre qu'il existe une plus grande perfection au total. Ainsi Dieu tolère, permet les péchés et les veut, non certes contre son gré, mais par accident, parce qu'il comprend que la série de l'univers sera plus parfaite si elles s'y mêlent et une fois compensées d'une merveilleuse manière. La raison dernière des péchés n'est donc pas la volonté même d'un Dieu aimant, mais la nature[b] de la perfection universelle des choses exigeant qu'une peinture soit mise en relief par des ombres et une mélodie relevée par des dissonances, qui augmentent le plaisir par leur compensation même.

a. « la cause » [barré]
b. « des choses » [barré]

Si la nécessité de choisir le meilleur supprimait la liberté, il s'ensuivrait que Dieu, les anges, les bienheureux et nous-mêmes n'agirions pas librement, dès lors que nous sommes déterminés à agir par un plus grand bien, vrai ou apparent [1].

Comme Dieu choisit nécessairement et cependant librement le plus parfait, chaque fois qu'une chose est plus parfaite qu'une autre, il s'ensuit que sa liberté sera toujours sauve, si cela arrivait toujours, ou même s'il n'existait jamais ou ne pouvait exister le cas d'un choix à faire sans raison entre deux choses également parfaites.

Si Dieu veut quelque chose sans raison, il s'ensuit qu'il agit et veut de manière imparfaite, parce que toute substance intelligente, dans la mesure où elle n'agit pas selon son entendement, agit de manière imparfaite.

Choisir, à proprement parler, c'est, parmi plusieurs choses, retenir ou prendre celle qui semble la meilleure. Prenons le cas de deux opposés A et B, c'est-à-dire qui ne peuvent être en même temps. Posons en outre qu'il est nécessaire de choisir l'un des deux et, troisièmement, qu'il n'y a aucune raison de choisir l'un ou l'autre. Je dis qu'un tel cas, qui réunit ces trois hypothèses, implique contradiction.

[S] Mais, dites-vous, la raison même qui fait que l'un des deux doit être choisi fait aussi que l'un des deux est choisi.

---

1. Voir aussi un texte vraisemblablement contemporain (1677), A VI, 4-B, 1352 : « Si la nécessité qui est dans le sage de choisir le meilleur supprimait la liberté, il s'ensuivrait que Dieu n'agirait pas librement quand il choisit le meilleur parmi plusieurs choses ».

[L]   Je réponds que cette raison commune n'est pas pleine ou suffisante, car elle fait certes que A ou B est choisi, mais elle ne fait pas que A est choisi et pas B, ni non plus que B est choisi et pas A[1].

---

1. Ce passage est à mettre en rapport avec un fragment sans doute contemporain sur l'indifférence d'équilibre : « Si Dieu disait : *je veux que cette balance posée en équilibre incline d'un côté, cependant je ne veux pas qu'il y ait une raison pour laquelle elle inclinerait d'un côté plutôt que de l'autre* ; Dieu ordonnerait des choses contradictoires entre elles, parce qu'il ne peut se faire qu'une chose arrive sans une cause par laquelle on puisse comprendre pourquoi elle arrive plutôt qu'elle n'arrive pas. Et telle est la fiction de ceux qui introduisent une indifférence d'équilibre dans la volonté, comme si Dieu voulait en même temps une volonté parfaitement indifférente à l'un et l'autre parti et qui pourtant aussi se détermine » (A VI, 4-B, 1355).

TABLE DES MATIÈRES

LISTE DES ABRÉVIATIONS.. 7

INTRODUCTION par Paul RATEAU 9

    Note sur la présente édition 48

LEIBNIZ

LA PROFESSION DE FOI DU PHILOSOPHE
ET AUTRES TEXTES (1671-1677)

[DE LA TOUTE-PUISSANCE ET DE L'OMNISCIENCE DE DIEU
    ET DE LA LIBERTÉ DE L'HOMME] (1670-1671 ?)....... 51

LETTRE DE LEIBNIZ À MAGNUS WEDDERKOPF (1671)... 77

LA PROFESSION DE FOI DU PHILOSOPHE (1672-1673 ?).. 83

[L'AUTEUR DU PÉCHÉ] (1673 ?)...................................... 167

CONVERSATION AVEC MONSEIGNEUR L'ÉVÊQUE STÉNON
    SUR LA LIBERTÉ (1677) 171

TABLE DES MATIÈRES... 193

Achevé d'imprimer le 31 juillet 2019
sur les presses de
La Manufacture - Imprimeur – 52200 Langres
Tél. : (33) 325 845 892

N° imprimeur : 190879 - Dépôt légal : août 2019
Imprimé en France